Pero López de Ayala

# Libro de la caza de las aves

**Edición de José Gutiérrez de la Vega**

Barcelona **2024**
Linkgua-ediciones.com

## Créditos

Título original: Libro de la caza de las aves.

© 2024, Red ediciones S.L.

e-mail: info@Linkgua-ediciones.com

Diseño de cubierta: Michel Mallard.

ISBN rústica: 978-84-9816-780-1.
ISBN ebook: 978-84-9953-752-8.

# Sumario

## Brevísima presentación

### La vida
Pero López de Ayala (1332-1407). España.

Nació en Vitoria, era hijo de Fernán Pérez de Ayala y de Elvira de Cevallos. Ejerció la política, la diplomacia, la guerra y la poesía.

Sirvió a cuatro monarcas: Pedro I, Enrique II, Juan I y Enrique III. Combatió en varias batallas y cayó prisionero en las revueltas de la Aljubarrota a manos de los portugueses. En su rescate, que costó treinta mil doblas, intervinieron su esposa, doña Leonor de Guzmán, el maestre de Calatrava y los reyes, no solo de Castilla, sino también de Francia, pues, entre otros muchos cargos, fue embajador en este país.

## Cristus Adsit Nobis Gratia

En el nombre del Padre y del Hijo y del Espíritu Santo. Amén.

Dice y amonéstanos el Apóstol que todas las cosas que hemos de hacer hagámoslas en el nombre del Señor, porque todo don bueno y acabado de Él viene, y sin Él no puede ser hecha cosa alguna.

Y por consiguiente, llamando su ayuda y gracia, comenzaré una pequeña obra para ejercicio de los hombres, por apartarlos del ocio y malos pensamientos y para que puedan tener, entre sus enojos y cuidados, algún placer y recreo sin pecado; la cual obra será un pequeño escrito, que tratará de la CAZA DE LAS AVES Y DE SUS PLUMAJES, DOLENCIAS Y CURACIÓN.

## Prólogo

Al muy honrado Padre y señor don Gonzalo de Mena, por la gracia de Dios obispo de la muy noble ciudad de Burgos. Pero López de Ayala, vuestro humilde pariente y servidor se encomienda a la vuestra merced.

Señor, dice el filósofo Aristóteles en el octavo libro de las Éticas, en la Filosofía Moral, que a los verdaderos amigos, de buena y honesta amistad, no los separa la distancia de lugares; que quiere decir que por estar los amigos verdaderos alejados uno de otro y separados por luenga tierra, la verdadera y honesta amistad no se destruye entre ellos, antes está dura y firme en su valor.

Y señor, hace gran tiempo que fui y estoy alejado de vuestra presencia y vista por largo espacio de tierra, empero siempre la vuestra buena y verdadera y honesta amistad tuvo siempre en mí todo su valor.

Y señor, como en las quejas y cuidados sea gran consuelo al paciente tener memoria de sus amigos, en consecuencia,

Señor, en la mi gran aflicción o queja que tomé desde algún tiempo acá en la prisión do estoy, tuvo por consuelo acordarme de vuestra verdadera amistad. Porque, según dice San Isidoro, cuando el hombre está en buen estado y seguro, la verdadera amistad hace las cosas más dulces que son. Y si el amigo está en tribulación, la buena y verdadera amistad pone en las cosas adversas y tristes, consuelo y gran alivio. Porque con el consuelo del amigo sostiénese el corazón del atribulado, y no puede caer.

Y como por muchas veces recibí alegría y consuelo de vos en la caza de las aves, en la que os tuve siempre por maestro y señor; y por cuanto,

Señor, en esta arte y ciencia de la caza de las aves oí y vi muchas dudas, así en el razonar sobre los plumajes y condiciones y naturalezas de las aves; como en domesticarlas y ordenarlas para tomar las presas que deben y también, para curarlas cuando adolecen y son heridas. De esto vi algunos escritos que razonaban sobre ello, pero no concordaban unos con otros; también vi a muchos cazadores conversar sobre esto, y cada uno tenía su opinión, y por esto acordé trabajar, por no estar ocioso, en poner en este pequeño libro todo aquello que hallé más cierto, así por los libros como por las opiniones de los cazadores, según la experiencia que, de este hecho de caza, probé y vi.

Hecho este pequeño libro, acordé enviároslo, porque sois mi señor y maestro, para que vos lo veáis y enmendéis y añadáis y mengüéis lo que a vuestra merced pluguiere. Porque aquella opinión que vos queráis y determinéis, aquella acepto.

Y en este libro tomaré este orden:

primeramente mostraré cuál fue la razón que movió a los hombres a la caza de las aves;

y después pondré capítulos ciertos de todo lo que aprendí y vi y oí en esta arte, así de los plumajes, como naturalezas y condiciones de las aves;

y después la práctica del halcón neblí, porque es el más noble y más gentil de todos;

igualmente, después, pondré las enfermedades y sus señales; y curas y remedios para ellas.

Nuestro Señor Dios, cuando crió el mundo e hizo el hombre, todos los animales, por Él criados, hizo y puso para estar al servicio del hombre, y por tanto dijo el Profeta David en los Psalmos, alabando a Dios por las gracias y mercedes señaladas que hizo al hombre:

«todas las obras, Señor, por ti hechas sojuzgaste al servicio del hombre, aves del cielo», etc.

Y porque los servicios que el hombre ha de tomar de las cosas, deben ser honestos y con razón, acordaron, siempre, todos los sabios, que los hombres deben excusarse mucho de estar ociosos, porque es causa y achaque de pecar; porque no ocupándose el hombre en algunas cosas buenas y honestas, nácenle, en consecuencia, pensamientos en el corazón, de los cuales nace tristeza y mortificación; de tal tristeza viene escándalo y desesperanza que es raíz de toda perdición. Y también así como el ocio, según dicho habemos, traía estos daños y males al alma, así trae gran daño al cuerpo; que cuando el hombre está ocioso, sin hacer ejercicio y sin trabajar con el cuerpo y mudar de aires, fatíganse los humores y al cuerpo, consiguientemente, le recrecen dolencias y enfermedades.

Y por excusar estos daños, que vienen al alma y al cuerpo estando los hombres ociosos, procuraron aquellos que hubieron de criar hijos de los reyes y de los príncipes y grandes señores, tenerlos, con todo su poder, guardados de estar ociosos, y que trabajasen e hiciesen ejercicio por sus personas y cuerpos en algunas cosas buenas y honestas, con que tomasen placer sin pecado, sirviéndose y aprovechándose de las cosas que Dios crió e hizo para servicio del hombre, según dicho es. Y entre los muchos modos que buscaron y hallaron para esto, vieron, también, que estaba bien que los señores y príncipes anduviesen, algunas horas del día, en la mañana y en las tardes, por los campos, y mudasen de aire e hiciesen con sus cuerpos ejercicio.

Y, pues que así andaban por los campos, era necesario que hubiese conocedores en tal arte, que supiesen capturar aves bravas, y las domesticasen y amansasen, y las hiciesen ami gas y familiares del hombre; y después, con las tales aves tomasen las otras aves que andaban bravas y esquivas en el aire. Y que los tales maestros, para hacer esto, fuesen muy sutiles y muy conocedores de su arte, ya que es bastante sutileza y maravilla que por arte y sabiduría del hombre, un ave tome a otras a las que por su naturaleza nunca cazara, ni en la manera que se la hacen prender.

Así vemos que por arte y sabiduría del hombre, un halcón tagarote, toma una grulla que es ave muy grande y fea; también derriba el cisne y la avutarda y la cigüeña y el ánsar brava, y las embaraza en tal manera que un galgo traba de ellas y las contiene hasta que el cazador llega y las recoge.

Hay, también, otros bienes en la caza de las aves; una virtud que llama el filósofo en el cuarto libro de las Éticas, magnificencia que quiere decir grandeza o hechos de grandes señores; porque noble cosa es, y grandeza a un señor, tener halcones y azores y aves de caza en su casa; porque teniéndolas como se debe, parecen muy bien en las casas de los grandes señores y lo mismo en el campo delante de ellos, cuando cabalgan y van a ver tal caza. Por ello procuraron tener la tal caza de aves.

Y, pues que de ella es la materia del presente libro, pondré aquí el índice de los capítulos por los cuales podrán saber quienes de este arte tomaren placer, algunas cosas provechosas para su ayuda.

## Capítulo I. De las aves que son llamadas de rapiña, así como azores, halcones y gavilanes, esmerejones y alcotanes

De cada día vieron los hombres cómo, naturalmente, unas aves toman a otras y se ceban y alimentan de ellas, y las tales aves son llamadas de rapiña: así como son águilas, azores, halcones, gavilanes, esmerejones, alcotanes y otras.

Y estas dichas aves, salvo el águila, nunca comen otra carne si no fuere de aves que ellas por sí toman y cazan; pero el águila cuando no puede tomar o cazar algún ave de las que acostumbra tomar o cazar, torna a tomar liebre, o conejo, o cordero pequeño, y aun viene al perro muerto, por la gran glotonería que en ella hay.

Y hay, también, otras aves que algunas veces se ceban de las aves que toman, pero comúnmente sus viandas son carnizas de bestias muertas, así como son los cuervos carniceros, que muchas veces toman aves vivas, pero su caza natural es carniza de bestias muertas y de aquello tienen su mantenimiento.

También hay otras aves que se cuentan entre las rapaces y toman y cazan aves vivas, e igualmente toman y se ceban de ratones y de tales cosas que se crían en la tierra; y entre ellas están las atahormas y budalones y aguiluchos.

En todas las aves de rapiña son mayores las hembras que los machos.

Y hay otras aves que su mantenimiento solo es de carnizas, y no toman aves vivas, así como buitres, abantos, quebrantahuesos.

Hay otras aves que su mantenimiento es de carnizas, gusanos de la tierra y frutas, así como son cornejas, picazas, y otras.

También hay otras aves que su mantenimiento es de simientes, así como avutardas, grullas, perdices, palomas, tórtolas, pájaros.

Y también hay otras aves que su mantenimiento es de pescados, así como águila pescadora y alcatraces y otras aves de mar. Y hay otras aves que andan ribera de las aguas y su mantenimiento es peces menudos y gusanos de los que se crían en el agua y fuera, en las hierbas; son ánades, cisnes, ánsares bravas y otras.

Así pues, las hay de muchas maneras y diversidades y de diferentes alimentaciones, pero de todas las aves las más limpias son aquéllas que solamente se alimentan y mantienen de aves vivas, y cada vez que se quieren cebar toman ave viva, y desde que se han cebado de ella no cuidan de lo que queda y aunque al otro día lo hallen, no se preocupan sino de buscar y cazar otra ave viva para su comer. Y estos son azores y halcones, gavilanes, esmerejones, alcotanes.

Tales aves como éstas decidieron a aquéllos que esta arte hallaron, a tomarlas, amansarlas y hacerlas conocidas al hombre, y tomar con ellas las otras aves bravas, y no solamente tomar con ellas a aquellas aves y presas en aquella manera que la naturaleza les otorga; mas con el trabajo y sutileza del cazador, tómanse otras aves y presas, y por más extrañas formas que solían tomarlas. Así como el balcón toma la garza alta en las nubes, perdida de vista o toma la grulla yendo alta por el aire, y así otras aves, en muy extraña manera; lo que nunca tomaran si no fuese por la maestría y sutileza del cazador.

Por esta razón los señores y los que tomaron placer en tal caza buscaron hombres maestros y sabios y de buen tiento, y de gran paciencia para ordenar, y guardar, y cazar con las tales aves. Pues aunque los señores y aquéllos a quienes esta tal caza pluguiese, tuvieren gran placer en poseer tales aves, y cobrarlas, y poderlas tener, faltábales saberlas regir. Y supuesto que las tuviesen, como dicho habemos, y las supiesen regir y alimentar, faltábales saberlas curar y medicinar cuando adolecen y están heridas. Por esto decía don Juan, hijo del Infante don Manuel y señor de Villena, que fue muy gran señor, y era muy cazador y muy ingenioso en esta ciencia de las aves, que gran diferencia había de querer cazar y ser maestro de caza, al saber regir y hacer las aves; y también que había gran diferencia de saber educar un ave, a saber curarla y ser buen cetrero, que quiere decir buen médico para ellas, y buen cirujano.

Consideremos estas tres cosas: primeramente querer cazar y tener gran voluntad de ello; lo segundo, saber hacer y ordenar que tomen tan extrañas aves y por tan desusada manera como hemos dicho; lo tercero, cuando su ave adoleciese o fuese herida, saberla curar. Y porque todas estas tres cosas son menester al buen cazador, hablaron de ello, de diferentes maneras, los que se complacían en esta caza, e hicieron algunos libros, cada uno según entendió y alcanzó su experiencia.

Y como dije en el comienzo, porque había diversas opiniones entre los cazadores, determiné reunir en este libro todo aquello que vi a grandes señores y muy cazadores que más cierto habían hallado, y púselo, sometiendo a la enmienda de los que más entendieron lo que yo oí a grandes señores y cazadores en muchas partes. Y también lo que dijeron algunos de ellos que no vi yo.

Primeramente en

Francia: al duque de Borgoña y al conde de Flandes y de Artois y al conde de Tancarville, y en

Aragón: al Vizconde de Illa, y a don Pedro Jordán de Urríes, mayordomo mayor del rey de Aragón; y a don Pedro Fernández de Híjar, rico-hombre. Y en

Castilla: lo que dijo don Juan, hijo del Infante don Manuel, señor de Villena; y don Gonzalo de Mena, obispo de Burgos; y don Enrique Enríquez, y don Juan Alfonso de Guzmán, y Remir Lorenzo, comendador de Calatrava; y Garci Alfonso de la Vega, Caballero de Toledo; y Juan Martínez de Villazan, alguacil mayor del rey, y don Ferrán Gómez de Albornoz, comendador de Montalbán, y lo que dijeron dos halconeros, el uno del rey don Fernando de Portugal, que se llama Pero Menino, y el otro Juan Fernández Burriello, halconero del rey don Pedro; porque todos éstos supieron y saben mucho en este arte, e hicieron muchas curas de aves que son muy ciertas y muy probadas.

Luego, primeramente diré de los plumajes de los halcones y cuántas clases de plumajes hay en ellos; también dónde crían y nacen, y qué aspecto y plumas deben tener; y después diré cómo se deben curar cuando adolecen o son heridos de grullas, o de garzas o en cualquiera otra manera.

Me extenderé más en la práctica del halcón neblí y en su gobierno, porque, verdaderamente, ésta es la más noble y mejor de todas las aves de caza, y quien buen cuidado tuviese con el neblí, en todas las otras aves podrá tener buen cuidado.

## Capítulo II. De los plumajes de los halcones y primeramente del halcón neblí

Halcones, entre cazadores, comúnmente, son llamados seis plumajes, o seis linajes de ellos, que es a saber: neblís, baharís, gerifaltes, sacres, bornís, alfaneques. De los tagarotes no hacen mención aparte porque se les considera como baharís, aunque en el plumaje haya diferencia entre el baharí sardo, o mallorquín, o de Romaña, con el baharí tagarote; sin embargo, en todas las condiciones son de una naturaleza, según más cumplidamente diré adelante en el capítulo que habla del halcón baharí.

Y debéis saber que en todas las tierras de cristianos, salvo en España, son llamados estos seis plumajes por sus nombres, porque al gerifalte llaman así por su nombre, gerifalte, pero no halcón, y al sacre dicen sacre; y al borní y al alfaneque llámanlos laneros. Y a todos éstos no los llaman halcones, antes dicen que son villanos, así como quien dice halcones bastardos o fornecinos.

Solamente al neblí y al baharí llaman halcones gentiles, porque tienen las manos grandes y los dedos delgados, y en sus talles son más gentiles, ya que tienen las cabezas más firmes y más pequeñas, y las alas en las puntas mejor sacadas, y las colas más cortas, y más esbeltos en las espaldas y más apercibidos y más bravos, y de mayor esfuerzo; y en sus alimentos son más delicados que los otros que dicho habemos. Y quieren ser alimentados de mejores viandas, y ser traídos siempre muy bien en la mano, por el gran orgullo que tienen, y no sosiegan mucho en la alcándara y son de muy gran corazón.

Los gerifaltes, y sacres, y bornís, y alfaneques son de otros talles y complexión en los cuerpos, y las colas más largas, y las cabezas grandes, y las manos más gruesas, y los dedos más cortos y más gruesos, y sufren mejor aunque les den más toscas viandas.

Cualquiera que sea el plumaje del ave, si le dieren buenas viandas y fuere bien traído siempre, lo hallarás en el su volar y cazar, y en estar más sano; pero unos halcones hay que soportan en su alimentación más toscas viandas que otros, porque si tú dieres la vianda con que el borní y el sacre se sustentan, al neblí, poco tiempo te servirías de él, ya que por su naturaleza es tan delicado, que luego se cargaría de dolencias y se perdería.

Y los halcones neblís en todas las tierras son llamados gentiles, que quiere decir hijosdalgo, y en Castilla y en Portugal son llamados neblís, pero al comienzo fueron llamados nebis y con el tiempo corrompióse este vocablo y llámanlos neblís.

Y en Aragón y en Cataluña llámanlos peregrinos, por comparación de los peregrinos y romeros que andan por todas las tierras y por todo el mundo, que así son los halcones gentiles, o neblís o peregrinos, que todo el mundo andan y atraviesan con su volar, partiendo de la tierra donde nacieron.

Pero en Francia, y en Alemania, e Italia llaman halcones peregrinos a unos halcones neblís que algunas veces se hallan y capturan; tienen ya las tijeras tan largas como los cuchillos mayores, y sobrepasándolos, lo que comúnmente no tienen los halcones; y cuando tales halcones peregrinos son capturados, préncianlos mucho porque salen muy buenos.

Debéis saber que los halcones neblís se crían y nacen en Alemania del Norte, en una comarca que es llamada Suecia; también en Noruega y en Prusia. Allí los compran los mercaderes y los traen a las comarcas de Alemania, cuando vienen a Flandes, y traénlos a Brujas, y de aquí los llevan a todas las tierras: a París, a Bretaña, y a Hainaut e Inglaterra; y traen algunos a España, para los reyes y señores que se lo encomiendan a los mercaderes cuando van allá a Brujas.

Y estos halcones así traídos por los mercaderes son muy peligrosos de adquirir, porque vienen cargados de agua, y de malos humores, a causa del alimento de malas viandas que les dieron. Por no hacer gran dispendio y gastos con ellos, suelen darles carne de vaca y de oveja; pero generalmente, los más les dan perros, y aun dicen que la carne más liviana que hallan para ellos es la de perro; mas estos halcones así alimentados están en gran peligro, porque cuando los toman los señores y cazadores que los compran, y los tornan a las buenas viandas, mueren muchos; unos, de lombrices o gusanos y agua vidriada, y otros, tuberculosos.

Esto sucede porque con la buena vianda que después comen, muévenseles los humores malos que habían adquirido con las malas viandas y vienen a resolvérseles en dolencias mortales.

Los tales halcones, de que dicho habemos, son duros de educar, por cuanto son capturados muy cerca de donde se criaron y nacieron, y aun algunos de ellos en los nidos, y no saben mucho de cazar, porque muy poco tiempo se cebaron por sí; pero los que se salvan y se domestican, salen muy buenos y muy seguros.

También hay halcones neblís que se crían en el Condado de Saboya, en las montañas que limitan el dicho Condado de Saboya con la tierra del señor de Milán; suelen tomarlos en los nidos, por esto no salen tan buenos, y cuando los mercaderes los tienen en venta, entre los otros halcones, luego se conocerán porque, tan pronto como se ilumine el lugar para que el comprador vea los halcones en sus alcándaras, luego, los halcones tomados de los nidos, gritan y chillan, espelúzanse y alzan las alas y exhiben y muestran su pequeño esfuerzo.

Tómanse muchos halcones neblís bravos en muchas partes del mundo, y en muchos reinos, y vienen de la tierra y comarca donde se crían y nacen, con el paso de las aves: sisones, palomas y otras aves de paso. Estos halcones, así venidos, unos suelen capturarse muy jóvenes, en los meses de septiembre, octubre, noviembre y diciembre; los que se capturan en adelante hasta comienzo de febrero, son más adultos para domesticarlos, y llaman en Francia a estos halcones tardíos, halcones de rapela, y salen muy buenos, porque saben ya cazar muy bien, y traen todo el plumaje deslanado por las aguas, ya que han dormido mucho tiempo fuera del nido. Traen la cola toda rozada en la punta de las plumas, del estribar que hacen sobre ella cuando toman las presas y se ceban en el campo; estímanlos mucho los cazadores, porque en tales halcones como éstos no hay otro trabajo sino tranquilizarlos y hacerlos señoleros, que cuanto al cazar, ellos lo saben ya.

A los halcones primeros que dijimos, tomados tan jóvenes, llámanlos en Francia halcones presos sobre el país, y en Castilla, a todos los halcones tomados así —de cualquier plumaje que sean— llámanlos halcones zahareños o arábigos.

En cuanto a Castilla, los mejores neblís que se capturan son los de las rocinas, y en tierra de Sevilla; y también son muy buenos en Portugal los que se toman en el campo de Santarem. Todos estos halcones salen muy buenos, porque se apresan muy lejos de la tierra donde nacen, ya que, según todos piensan, vienen de Noruega y Prusia y Suecia y del confín de Alemania del Norte, donde se criaron y nacieron, y vinieron con el paso de las aves, porque en España no existe nadie que haya hallado nido de halcón neblí. Son muy buenos, también, estos halcones capturados en las rocinas y cerca de las marismas, por cuanto se ceban, a diario, de aves de ribera como abocastas y ánades y garzotas y otras ralcas que son buenas, pero que —además— el halcón neblí, por su naturaleza, tiene que cazarlas.

En Castilla se aprehenden otros halcones neblís, en los pinares de Olmedo y lugares comarcanos, pero éstos no salen tan ciertos ni tan seguros como los que decimos que se toman en las rocinas, porque estos halcones tomados en los pinares son más bulliciosos, ya que siempre se ceban en palomas y cornejas y sisones, que son raleas peligrosas: lo uno, porque hay muchas, y lo otro, porque el halcón se va muy lejos, perdiéndose con la presa, y si la alcanza, cébase, y lo pierde muy pronto el cazador.

En muchos reinos y comarcas se apresan halcones neblís bravos y los de una comarca salen mejores que los de las otras. Pero tan noble es el halcón neblí, y de tan buen esfuerzo, que si con él trabajares, siempre lo hará bien, teniendo en cuenta que el plumaje bueno, el ser capturado en buena comarca y en buen tiempo, el tener buen cazador, de gran paciencia, y buenas viandas, mucho favorece al neblí, y lo contrario no hay duda que lo daña.

Debéis saber que el halcón pocas veces acaece al hombre que pueda escogerlo, porque no hay en esta tierra tantos, y cuando uno lo encuentra toma lo que halla; pero si sucediere que lo hayáis de escoger, cuando vayáis a los lugares en que los mercaderes los tienen para vender, o si los rederos que los apresan tuviesen dos o tres de ellos, es preciso conocer sus plumajes por que escojáis lo mejor.

Hay halcones neblís que tienen lo blanco albísimo y abundante, y lo demás como gris; son llamados en Francia halcones de dames, que quiere decir, halcones de dueñas; y son muy hermosos, muy mansos de educar y de muy buen talante. Tienen el plumaje muy bueno y no tan brozno como los otros plumajes y aun tienen las colas más largas y salen buenos garceros. A estos halcones, en Castilla, llaman los halconeros y cazadores, doncellas; y en Francia blanchantes.

Hay otros halcones neblís, cuyo plumaje es rubio y el pico grueso; son de grandes cuerpos y salen muy buenos altaneros y garceros.

Otros halcones tienen su plumaje pardo y la cabeza pintada y el pico orlado de amarillo y son halcones corpulentos, de buena complexión y muy emplumados; llámanlos en Castilla coronados, y si lo hallares, trabaja con él, no te duela el tiempo que con él afanares.

Otros halcones neblís hay, que en su plumaje tienen una pinta menuda, delgada, ancha y amarillenta. A éstos llaman en Castilla zorzaleños, que quieren decir halcones pintados como zorzales, y generalmente son halcones menudos, muy bulliciosos y van mucho a las presas y a las palomas; son de poco sosiego. A los tales, cárgalos de cascabeles hasta que vayan sosegándose, pues de éstos suelen salir buenos altaneros.

Otros halcones hay con el plumaje negruzco; son llamados roqueces y son duros de educar, pero acaban por someterse y salen muy buenos altaneros y garceros y grueros: guárdate de irritarlos, porque fácilmente se enojan.

Después que por el plumaje, según he dicho, hubieres observado tu halcón, le mirarás las proporciones de esta manera: que tenga las espaldas descargadas y buen pecho, y de mucha carne en el cuerpo y en las cujas; el zanco grueso y corto, las manos grandes y los dedos delgados y largos, las ventanas bien abiertas, que tenga unas pocas plumas que le salgan por encima de los hombrillos de cada parte, porque pocos halcones las tienen; que sea bien emplumado en la cola; que tenga gran estropajo de pluma y la pluma dura y cuanto más bravo y más esquivo fuese al comienzo, tanta más confianza ten en él.

También el torzuelo neblí, si lo hallares de buen plumaje, trabaja con él, pues salen muy buenos altaneros.

Son muy buena compañía el torzuelo neblí y el torzuelo borni, porque el neblí torzuelo es muy ligero, y sube muy alto, y el borní síguelo y sube con él, y se sosiega el neblí con el borní, porque el borní no sabe ir a la ralea. Sed ciertos que hacen muy hermosa volería los dos, y yo vi un neblí torzuelo muy buen garcero al señor de la Ribera, camarero mayor del rey de Francia.

## Capítulo III. Del halcón baharí y tagarote

Algunos creerán que no es razonable hablar antes del halcón baharí que del halcón gerifalte, por cuanto los gerifaltes son muy grandes halcones, de muy gran parecer y estímanlos mucho los señores: los que salen buenos son muy maravillosos garceros y grueros; pero no es de maravillar, porque según dije en el comienzo de este libro, hablando de los plumajes de los halcones, el halcón baharí es llamado gentil en todas las tierras, salvo en España, según sus condiciones y complexión y manos y dedos y valentía, en todo lo cual se parece al halcón neblí; cosa que no tienen los halcones gerifaltes, porque quien bien mire y considere el halcón gerifalte, hallará que se parece a un gran borní.

Además, según arriba dijimos, es villano por tener las manos gruesas y los dedos cortos; no hay duda de que los gerifaltes, después de educados, son muy buenos halcones, pero al comienzo son difíciles de amaestrar, porque de su naturaleza son cobardes, lo que no ocurre a los baharís, que son valientes y dispuestos por naturaleza; por ello hablaré aquí del halcón baharí.

Habéis de saber que los halcones baharís se crían, los más de ellos, en la Isla de Cerdeña, y son llamados sardos; otros baharís se crían en la Isla de Mallorca, y son mejores; y otros se crían en Romaña, y son halcones granados y muy buenos. Todos éstos son muy buenos halcones para grueros, por cuanto son muy rabiosos y caninos y trabadores.

Los halcones tagarotes, que son contados por baharís, se crían allende la mar, en África.

De todos los halcones baharís, pocos son altaneros, porque por la gran hambre que muestran no se mantienen en lo alto, sino que en cuanto ven las ánades aguadas, luego se posan, y quieren pescar y toda su ligereza es a ras de tierra; sin embargo, algunos salen muy buenos altaneros.

Yo vi al rey don Pedro un halcón baharí mallorquín, al que llamaba Doncella, y traíalo un su halconero que decían Alfonso Méndez; era muy buen garcero y en la ribera subía más alto que cualquier neblí de cuantos el rey tenía que eran, cuando yo vi esto, bien cuarenta neblís altaneros, sin contar los garceros, grueros (pues tenía seis lances de neblís y baharís para grullas), y sin contar gerifaltes y sacres.

Los baharís son muy buenos grueros de aventaja.

Vi también un baharí sardo al rey don Pedro —traíalo su halconero Ruy González de Illescas, comendador de Santiago— que sin ayuda de otro halcón derribaba grulla, cigüeña negra, ánsar brava y cisne y los retenía hasta que llegaba el galgo.

Los halcones baharís y tagarotes son buenos grueros y ayudantes; yo vi al rey don Pedro un tagarote que traía un su halconero que decían Juan Criado, y llamaban al halcón Botafuego y sin ayuda de otro mataba la grulla y no era muy grande.

Además, todos los baharís, así sardos como mallorquines, y de Romaña y tagarotes, son muy buenos perdigueros porque su ligereza se muestra más a poca altura aproximando el pecho al suelo, con estilo muy hermoso, y vuelan, por tanto, bien el alcaraván.

Son los baharís halcones muy seguros, y no van a las raleas como los neblís, y sus plumajes son de esta manera: los baharís sardos son oscuros comúnmente y los mallorquines y de Romaña son más rubios y más granados, de mayores espaldas y más valientes; los tagarotes son muy diferentes en el color y en el talle porque son halcones pequeñísimos, tanto, que no hay otro plumaje que lo tenga semejante, y son amarillentos como dije en el capítulo del neblí.

A todos estos baharís, llámanlos en Francia halcones gentiles: y dicen halcón gentil de Cerdeña, o halcón gentil de Romaña y, por el tagarote, halcón gentil tagarote; y en Aragón llaman a todos halcones baharís, monterís.

Observarás que su factura sea como la del halcón neblí: que tenga derribadas las espaldas, mucha carne, gran cuja, buen zanco y gran mano y los dedos largos y delgados y grandes ventanas nasales.

## Capítulo IV. Del halcón gerifalte

Los gerifaltes son halcones que tienen el cuerpo más grande que ningún otro halcón, y se crían en Noruega y en aquellas partes donde dijimos se crían los halcones neblís y no se hallan en ninguna otra tierra.

Los traen a Flandes cuando traen los neblís. Los gerifaltes son muy duros de educar; además, pocos de ellos escapan de ser gotosos, o ciegos, o de poca vista, o cobardes y de flaco corazón. Se debe tener cuidado con los gerifaltes al comienzo de ponerles el capirote porque son, de todos los halcones, los que peor lo toman y si no se tiene buen tiento en ello al principio, toman tan gran enojo con el capirote, que no lo quieren consentir, y con la porfía del que se lo quiere poner, vienen a asustarse.

Los plumajes de los gerifaltes son éstos:

Unos hay que son llamados blancos, en manera que tienen muy poco de lo gris, y éstos son finos de Noruega; son muy preciados de los grandes señores por su hermosura, y salen muy buenos garceros.

Yo vi un gerifalte que fue regalado al rey don Carlos, padre de este rey don Carlos que ahora reina en Francia; capturado en la isla de Layron, que está cerca de la Rochela, fue cogido salvaje, que es maravilla, porque yo nunca oí decir que se capture gerifalte zahareño en estas tierras; era este gerifalte tan blanco como una paloma blanca, salvo que tenía unas plumas oscuras al través, en las cujas. Por su grandeza, y cabeza, y manos, y talle se reconoció por gerifalte; y no se preocuparon de que fuese garcero, ni volase presa, salvo tenerlo así, por maravilla, porque el rey lo preciaba mucho.

También hay gerifaltes que son llamados letrados, porque tienen lo blanco muy blanco y el resto muy oscuro, y bien comparado todo; parece como libro escrito de letras gruesas, y por esta comparación los llaman letrados, y salen de ellos muy buenos.

También hay gerifaltes llamados grises, porque lo que tienen negro es como una pequeña grisa; tienen hermoso plumaje, y salen buenos y muy ligeros.

Además hay halcones gerifaltes que son oscuros y son llamados roqueces; son de gran esfuerzo, pero son feos.

De estos así, prietos, vi uno a mosén Bureau, señor de la Ribera, camarero mayor del rey de Francia; habíaselo enviado como presente el gran maestro de Pruza, que era tan roqués y prieto, que apenas se divisaba lo blanco y era el mejor garcero del mundo.

Debéis saber que el gerifalte que se da bien, mata mucho más ligero y mejor la garza, o grulla, o la presa a que fuere lanzado, que ningún otro halcón: mata la garza muy alta; al subir no hace tantos giros como el neblí, y va más derecho en sus vuelos y, aunque por su corpulencia, arranque pesado, desde que comienza a cabalgar en el aire siempre cobra mejor ligereza.

Debéis hacer que el gerifalte, en el comienzo, mate liebre, porque, por un lado, pierde las cosquillas que tiene en las manos, ya que de su naturaleza son cosquillosos, y, por otro, cobra ligereza y sabe contener el resuello en el trabajar que hace con la liebre, y en el alzar y venir a ella.

Es, también, muy bueno al gerifalte hacerle volar la perdiz, por cuanto ésta vuela largo trecho y saca mucho espacio al halcón y a cualquier ave que la siga.

También es bueno al gerifalte volar la lechuza, porque sube mucho y porfía, y le sirve como traína de garza para en adelante.

Y una vez que a estas cosas hubiere volado el gerifalte algún tiempo y adquirido ligereza, podrás hacerlo garcero dándole sus traínas, o echándolo con otro maestro, cuando la garza se le rinda; algunos hay que son de buen esfuerzo y de buen talante y la matan por su voluntad.

Es bien traer a los gerifaltes siempre en la mano, porque como son pesados, si se caen de la alcándara podrían peligrar; y cada vez que le quitas el capirote quiere ser halagado con el roedero y que se le haga placer.

Cuando quisieres escoger el gerifalte, lo primero que harás será mirarlo por los pies; y si tiene clavos en ellos o los tiene hinchados, que es comienzo de ello; y también obsérvalo por la vista, aunque es difícil de mirar, porque tendrán los ojos claros y son escasos de vista; pero míralo mostrándole el roedero, u otra cosa, por ver si es apercibido de vista; y por las proporciones, cata que sea bien derribado de espaldas, y no sea corcovado, y que sea de buena carne y de buena cuja, y buen zanco, y buenas ventanas, y buenas manos, y los dedos cortos y gruesos, al contrario del neblí, y que no sea cabezuelo. El torzuelo gerifalte es muy bueno, sale buen gracero, y es muy ligero, mas es sañudo, y muy delicado y melancólico, y necesita hombre pacienzudo.

## Capítulo V. Del halcón sacre

Los sacres son halcones grandes de cuerpo; tienen las colas largas, y se crían en Noruega y en aquellos lugares donde dijimos que se crían los neblís y gerifaltes, y con ellos los traen los mercaderes. Hay también halcones sacres que se crían en Romana y son muy buenos.

De los sacres hay los mismos plumajes que en los otros halcones, porque unos son rubios, otros más oscuros y más aún blancos, y de todos salen buenos. Tienen los sacres en su plumaje lo que no tienen otros halcones; que por muchas veces que el halcón sacre mude, se queda tal como era antes y no muda el color de las plumas, como hacen todos los otros halcones; salvo que no queda el plumaje tan brozno como cuando era pollo y hácenseles unas orladuras en derredor de las plumas que bastante poco se divisan.

Pero yo vi un halcón sacre, que era de los de Romaña; fue mío y se lo di a don Álvar Pérez de Guzmán, y a las cuatro mudas hizo los cuchillos mayores de cada ala, tan blancos todos como una paloma blanca, y todas las plumas en derredor del cuello grandes y pequeñas, y una péñola de la cola; perdióse y creo que, si no se perdiera, y hubiera podido mudar otra vez, habría tenido más plumas blancas, hasta que por el tiempo fuera todo blanco, porque muchas plumas, grandes y pequeñas, tenía ya pintadas de blanco.

Con los sacres ocurre lo que con los neblís; que los que toman bravos por las tierras, que son llamados zahareños, son los mejores, aunque hay en ellos alguna dificultad en educarlos, y salen de ellos muy buenos garceros y grueros y para toda cosa buenos; son, también, buenos perdigueros, y buenos lebreros, pero no entran en la liebre, salvo los que son tomados zahareños, como dicho habemos, y matan bien lechuza y alcaraván; vuelan mejor con viento y prepáranse mejor a él que otros halcones ningunos.

Los torzuelos sacres son también muy buenos y yo vi al rey don Pedro uno que fue del rey don Alfonso, su padre; traíalo Ruy González de Illescas, comendador, y era muy orgulloso garcero.

Han menester los halcones sacres buen tiento y quieren siempre andar bien alimentados, porque muy de ligero se conturban; y a los halcones sacres no les ponen en la ribera, porque son halcones pesados para remontar; en Brabante y en Francia vuelan con ellos en la ribera, mas no son de altanería, aunque los torzuelos son mejores para ello.

28

Cuando lo examinares, fíjate en que sea descargado de las espaldas, y de buena carne, y buena cuja, y buen zanco, y los dedos cortos y gruesos, y la cola la más corta que pudiere ser, y las puntas de las alas, largas, y buenas ventanas nasales bien abiertas, y no lo olvides en la alcándara, porque se hacen truhanes y algunos embravecen; la buena mano del cazador es la mejor alcándara que cualquier halcón puede tener.

## Capítulo VI. Del halcón borní

Halcones bornís se crían en muchos lugares: críanse en la alta Alemania y en Noruega, y en aquellos lugares donde se crían los neblís, gerifaltes y sacres; y en todas las tierras, salvo en España, son llamados laneros. Los que traen de Alemania son buenos y seguros y grandes de cuerpos. Otros bornís se crían en tierra de Saboya y de Lyon del Ródano, que está entre el Imperio y Francia, y son muy buenos; otros se crían en Castilla, en Álava, en Guipúzcoa y en Vizcaya; en Losa de Asturias de Santillana y Asturias de Oviedo; en Galicia y en Santiago de Montizón; y de éstos, son muy buenos los de Galicia, que son roqueces.

En Asturias de Santillana hay una muda que llaman tagre, y tienen plumas entre los dedos; de estos tagres vi al rey don Pedro un torzuelo que fuera de Garcilaso de la Vega, que llamaban Pristalejo, y era buen altanero, de manera que, sin compañía, mataba dos pares de ánades mayores tan bien como un neblí. Vi también en las Asturias de Oviedo, un halcón borní torzuelo al obispo de León, don Diego Ramírez de Guzmán, y diolo al rey don Pedro y era buen garcero.

Pero de todos los bornís, los que llaman provinciales en Castilla y en Francia son llamados laneros de Crau, son los mejores; tómanlos de paso, después de San Juan hasta San Miguel, en el Crau de Arlés que está en Provenza; tómanlos también en la playa de Lunel, y en Florencia y en derredor de aquella comarca que está en Languedoc, que es señorío del rey de Francia, y todos son llamados de Crau; son muy buenos y ligeros y cada año prueban mejor. Son buenos para perdiz, liebre, lechuza, alcaraván, doral, garza.

Los torzuelos que son llamados laneros, précianlos mucho en toda Francia para la ribera, y no se cuidan de otros, salvo que sean de Crau; salen muy buenos altaneros, y hacen muy buena compañía a los neblís, y éstos sosiegan mucho con ellos, porque todo el día andan sobre el agua y no se parten de allí ni van a raleas. Echados primero que los neblís, porque si hay algunas raleas, huyen y ellos no las siguen. También sosiegan a los ánades y cuando el neblí es echado, hallará la ribera limpia y vuela más seguro, porque no hay raleas a las que vaya. Al comienzo son graves y duros de hacer altaneros, porque no es su naturaleza y pronto se posan, pero acostumbrándose cada día con los neblís, edúcanse y quieren andar en buena carne.

Lo primero, debéis obligarlos a que vuelen picazas, porque de allí se acostumbran a andar alto y a sostenerse y atender a su maestro y a la presa; después que algunos días volaren así por las picazas, los echarás con el neblí en la ribera, y aunque se pose, no te enojes, porque usando de cada día a volar con el neblí, él tornará a guardarlo. Cuando fuere hecho altanero, dale siempre a roer ánade, porque se debe alimentar de otra manera que el neblí, ya que el borní es altanero contra su naturaleza y no sabe remontar sin darle a roer como hace el neblí. Has de levantarle a su mejoría y que esté cerca cuando le levantares, porque no puede de lejos alcanzar así como el neblí; quieren traerse en la mano, y cuando son dos hacen buena compañía. En Francia, cualquier señor, aunque tenga muchos, siempre tendrá una copla de estos bornís, que son dos, y toman siempre los más granados. Yo vi en París una copla de ellos, que son dos torzuelos volantes, valer cien francos de oro, y volaban por todas las marismas que hallaban y son muy placenteros.

Los bornís, los hay blancos, rubios y roqueces, y de todos salen buenos; procurarás que sus proporciones sean así:

Bien descargados en las espaldas —y no sean corcovados, ni estrechos de hombros—, y sean de buena carne, y no piernilargos, y tengan buen zanco, buena cuja, gran mano, y los dedos cortos y gruesos; la cabeza llana y el ojo enconado; buen pico, la cola corta, buenas fosas nasales, y buen estropajo de cola. Y aunque dicen que el borní con cualquier vianda pasa, si tú le dieres buena gallina, o buena vianda, se lo verás en el volar. Si son zahareños, valen más y quieren ser traídos en la mano.

## Capítulo VII. Del halcón alfaneque

Los halcones alfaneques comúnmente son blancos y las cabezas rubias; hay algunos más roqueces, otros más como negros. Se crían allende la mar, en África, en el reino de Tremecén y en la isla de Alhabiba y nadie sabe que por acá se críen alfaneques ni tagarotes.

Otros halcones se crían en el reino de Túnez, que son más roqueces, y tienen las colas largas, son llamados tunizos, y son como entre alfaneques y bornís.

Hay otros halcones que son llamados entrecelís, y dicen que son mezcla de tagarote y alfaneque, y aunque son muy buenos, pocas veces aparecen.

Estando yo en Alicante, que es en Aragón, ribera de la mar, llegó allí una nao que venía de la Berbería; traía muchos alfaneques y compré algunos; y el señor maestre de la nao diome uno que decía él que era entrecelí, y, en verdad, el talle, manos, y rostro, eran de tagarote, más las plumas y su color era de alfaneque y túvelo mucho tiempo; no me preocupé de hacer de él otra cosa sino perdiguero y esto se lo hice hacer muy bien, pues era muy ligero.

Los halcones alfaneques son muy placenteros y matan bien y hermosamente la liebre —señaladamente cuando son dos—, y no entran en ella; y la perdiz vuélanla bien, mas pocos la asientan y matan bien; y doral, garzota y cuerva, si son puestos en la ribera, hácenlo bien.

Yo vi en casa del rey don Pedro un alfaneque, torzuelo muy pequeño, que llamaban Pica-higo y fuera de don Enrique Enríquez, que mataba un par de ánades sin compañía, tan bien como un neblí; y mataba cuerva negra, las encapuchadas, un doral viniendo por el cielo y garzota. Todas estas cosas consigue el bueno, porfiado y paciente cazador.

Los alfaneques deben andar delgados y bien señoleros, porque luego que les da un poco de Sol se pierden, y dicen que se tornan a Tremecén, de donde vinieron, y creo que pasan allá, ya que nunca oí decir que fuese aquí tomado zahareño, salvo si tomasen a pocos días alguno de los que se perdían así; y son mejores los alfaneques en la tierra fría que en la tierra caliente. Enseguida crían clavos en las manos; cátalos, por su complexión y rostro, lo mismo que al borní.

## Capítulo VIII. Cómo se debe regir y alimentar el halcón neblí y ciertas reglas prácticas para ello

A los cazadores parecerá que estas reglas que yo aquí pondré para gobernar un halcón neblí están de más; porque dirán que no es cazador el que esto no sabe; yo no las pongo para los que así son maestros, pero los hombres, cuando comienzan a cazar, no lo saben todo y tiene necesidad de ver y oír a algunos de los que más vieron y más probaron en este arte de cazar.

Cuando yo comencé a trabajar con el neblí, mucho me pluguiera haber hallado un pequeño escrito tal como éste, por donde me pudiera regir y gobernar, y guardar de hacer algunos yerros que hice en la caza, con lo que dañé muchos halcones, aunque yo era sin culpa, que no sabía más; y cuando me acompañaba con halconeros que sabían el arte, paraba mientes, y por ventura, en un mes aprendía un capítulo, de lo que veía.

Si quisieres todos los capítulos que principalmente cumplen para el regimiento de un neblí, en pequeño espacio, lo verás aquí y cada día te podrás apercibir. En consecuencia, los nuevos cazadores se aprovecharán de ello, y por tanto pondré reglas ciertas para el gobierno del neblí, porque, en verdad, éste es el señor y príncipe de las aves de la caza, y quien bien supiere gobernar y regir el neblí, todo el regimiento de las otras aves puede más ligeramente saber.

Debéis saber que los halcones neblís, según arriba hemos dicho, los traen de Suecia, Noruega y la alta Alemania, donde se crían; tráenlos en las cocas que vienen a Flandes y a Brujas: llegan muy entecados y dolientes de cuerpo, aunque no lo muestran. Esto es así, lo uno, por las malas viandas de que los mercaderes, o los que los traen, los han alimentado; también, porque vienen en el navío mal traídos y quebrantados de la mar y han estado gran tiempo presos sin volar, y sin tener sus plumadas, y sus cuidados; y si aun cuando el dueño los tiene, los piensa y cuida de ellos y vuelan, tiene bastante que hacer para tenerlos sanos, cuanto más con todas estas ocasiones. Por lo cual, si de tales halcones hubieres de comprar a mercaderes que así los tengan, es menester apercibirte, mirar e asegurarte bien de lo que tomas, en lo que de fuera puede parecer, y harás así:

Cuando mirares el halcón, mírale primero las proporciones y el plumaje, según dicho es más arriba, y si todo no lo hallares junto en un halcón, toma lo mejor que pudieres, y si otra cosa no pudieres, a lo menos, lo primero y principal escógelo de buen plumaje, porque tal halcón nunca se puede cambiar si no es a bien; además, mira que el halcón neblí con que hubieres de trabajar, tenga buen cuerpo, porque si es feble y de poca complexión, no es duradero, aunque al comienzo muestre hacer todo bien.

Cuando le hubieres escogido por el plumaje y por el cuerpo, mira la boca si la tiene sana, o si tiene güérmeces o comienzo de ellos, y mírale los ojos si los tiene sanos de nube.

Mírale también si tiene todas sus plumas en las alas y en la cola; que no le falten del todo, pues aunque estén quebradas, puédense injerir, aunque más valdría que estuviesen sanas.

Mira además si tiene alguna pluma como tijera o cuchillo mayor, quebrada por el cañón bajo, de manera que no se pueda injerir, pues más valdría que le faltase del todo, porque nacería, y la péñola quebrada por el cañón bajo, que no se puede injerir, está en peligro; que yo vi algunas veces que el halcón no la mudaba por no poder ayudarse del pico en trabar de ella, pero acaece pocas veces. Asimismo, mírale si tiene clavos en los pies, o comienzo de ellos, y si tiene todas sus uñas.

Después que hubieres escogido y tomado tu halcón, lo primero que harás luego este día es bañarlo con oropimente; que sea una onza, bien molido y muy cernido, y dárselo seco en polvo, echándoselo por todo el flojel, poniéndole en todas sus plumas y guárdale los ojos y las orejas cuanto pudieres. Procura derribarlo dulcemente, cuando este baño hicieres, y sujétalo dulcemente, y ten quien te ayude a ello.

Este tal baño es bueno para el halcón pollo, porque él no tiene tan hermoso plumaje que hayas de tener cuidado de no mancharle las plumas, y el oropimente de cada día hace su obra por el calor y por el olor que en él hay; limpia mucho al halcón del piojo, y es menester este baño largo, porque jamás podrá hacer bien el halcón en cuanto tenga piojo, porque con el piojo que tuviese tendría bastante que contender.

Es bueno que este baño le sea hecho enseguida, antes que se comience a hacer ninguna cosa con él, porque si lo comenzasen a amansar, y hacer conocer la mano, y el señuelo y el rostro del hombre, todo lo perdería y de esto nacería, cuando lo cogieres para bañarlo y lo hicieres, algún sinsabor. Y por tanto, que pase lo primero aquella melancolía y trabajo, y en adelante tratarlo bien y no enojarle. Pero dijimos aquí del baño del oropimente para los halcones pollos; mas después que son mudados, y tienen sus plumas hermosas, si tuviesen piojo es mejor el baño de agua y pimienta, según que adelante diremos.

Después que tu halcón fuese bañado del piojo, guarnécelo de buenas pihuelas, cascabeles y capirote. Las pihuelas que sean de buen cuero delgado y bien adobado, y que no aprieten el zanco; los cascabeles que sean regularmente grandes, según el cuerpo del halcón; y el capirote sea de buen cuero delgado, tieso y bien hecho en guisa que no le toque los ojos; y que sea tal que no lo derribe de la cabeza cuando se sacudiere.

La primera vez que le hubieres de quitar el capirote con que vino de Flandes, y le hubieres de descoser los ojos, si es capturado de Zahara, o los trae cosidos, haz que sea de noche, a la candela, y entonces se tranquilizará más; y ponle el capirote que ha de traer en adelante, y hazlo velar la noche toda. Durante el día siguiente que no caiga de la mano, ni en otros veinte días ni noches, o más, según vieres que se calma, y no lo hagas menos, aunque el velar no tienes por qué hacerlo tan ahincadamente como los primeros diez días. Pero todo esto va cual fuere la voluntad del halcón, y cúidate bien que no lo escarmientes en el poner del capirote y que se lo pongas dulcemente.

Cuando se vaya calmando, trae siempre contigo roedero que le muestres, y sea de buena vianda; y tenga carne de que el halcón tome algunas picaduras y vaya perdiendo esquivez con el comer. Y cuando lo tuvieres de noche a la candela, quítale el capirote y muéstrale el roedero, porque vaya tomando placer, y siempre torna a ponerle el capirote con la mano liviana, y no le hieras ni le des en el rostro, que lo enojarás. Si al comienzo no quisiere comer, no te quejes por ello, porque no lo hace sino por bravura.

El que lo velase toda la noche, tenga la candela en la mano o delante... y no se olvide el vino para el halconero y los que le ayudaren.

Tan pronto vieres que tu halcón comienza a tener hambre y abre la garganta como tragón, dale algunos días vaca, lavada en agua tibia, hecha pedazos pequeños y limpia de grosura y nervios; y después torna a darle una polla o gallina, que no sea muy grande, también hecha pedazos y lavada en el agua tibia; y a la noche dale las plumadas y junturas de huesos del pescuezo de la gallina, o de los nudos de la cuja, y un poco de carne con ellos, y mírale bien por las mañanas, que veas si ha hecho su plumada.

Cuando vieres que tu halcón mira hacia la mano cuando le quitares el capirote, por ver si tienes algo que darle de comer, procura entonces traer contigo, en una pequeña liniavera de lienzo limpio, una pierna de gallina o un ala, y dale de ella algunas picaduras, y dale a desplumar, y cuando él estuviere en mejor sabor de comer, tórnale su capirote dulcemente.

Una vez que vieres que tiene ya hambre verdadera, apártate de él y prueba si querrá subir en la mano, a la lúa, con toda la lonja suelta; y cuando subiere en la mano, dale buena vianda y hazle todo placer. Después que tu halcón, sin duda alguna, salta a la mano, y cada vez que le muestras el roedero no mira por otra cosa sino por comer, entonces encarna bien tu señuelo con un corpanzo de gallina con su cuello, cabeza y cola, en manera que de cada parte esté bien encarnado; toma un cordel bien recio y delgado y ata tu halcón fuera, en el campo, en lugar que sea llano, sin matas y sin piedras, para que no se enrede el cordel, y dale allí de comer en el señuelo, hasta que lo conozca, de la mejor vianda que tuvieres, esto es, el corazón de la gallina, los sainetes y la pierna; dale, entonces grandes voces, andando en derredor de él, dando con la lúa en tierra, para que vaya perdiendo el miedo y aprenda a lo que ha de tornar. Todo esto lo harás con tiento, para que no lo atemorices; y siempre, en la noche, dale un poco de vianda en agua tibia y sus plumas y juntas.

Después que tu halcón conociere bien el señuelo y lo sigue y no lo puedes apartar de él, hazle venir volando al señuelo, aún con el cordel, y procure el que tiene el halcón, tenerlo bien derecho en la mano, de manera que vea bien el señuelo cuando se lo mostrares, y no lo echen de la mano hasta que él de su voluntad salga. No lo señoleen de ojo al Sol, porque no verá bien el roedero del señuelo, y podría perderse. Vaya el pico hacia el viento y échalo en lugar limpio, sin matas; el señuelo, que lo vea y se pose luego en él y no lo eches de rostro, sino al través, o a espaldas del que señolea; y cuando el halcón se posare en el señuelo, ve a él muy quedo, hablándole mansamente, y dale allí toda la mejor vianda que tuvieres; luego que hubiere comido, sácalo con un roedero y déjale limpiar su pico, y que se sacuda, y, entonces, ponle su capirote y tráelo muy sosegado en la mano.

En cuanto veas que ya viene muy bien al señuelo, llámalo a la tira sin cordel, alejado de villa y de monte, y dale algunas gallinas a degollar en el señuelo, encubierta la gallina, que no la vea y beba la sangre de ella; todo este afán es para concertar y amansar un neblí en treinta días, para que en adelante vuele en la ribera. Pero todo esto es según la pericia del cazador y plumaje y corazón del halcón.

Cuando hiciere buen día claro y con Sol, pruébale el agua en lugar apartado, al Sol y en buena gamella, o buena vasija, y estáte cerca de él siempre, apercibido con el roedero en la mano, para que, si vieres que no quiere sosegar, lo tomes, y advierte no lo hagas por fuerza entrar en el agua, que se escarmentaría; antes bien, ten algunos sainetes y muéstraselos en el agua, para que con codicia de ellos salte al agua, y dáselos allí que los coma. Y cuando así le hubieres de hacer probar el agua, haz que tu halcón haya comido primero media pierna de gallina, porque si mucho comiese tendría dos trabajos: de enjugarse y de gastar lo comido, y siempre, en adelante, pruébale el agua a más tardar a los cuatro días, y después que fuese bañado ponlo a la sombra un poco, porque con el Sol, si fuese recio, se torcería las plumas, y luego, a poco espacio de tiempo, tórnalo al Sol, porque se enjugue y piense de sí, y déjalo bien pensar de sí a toda su voluntad antes que le hagas volar. Si fuese tarde y no tuvo tiempo de enjugarse, ponle delante dos candelas por la noche en una cámara, y pensará de sí; y dale buena alcándara segura, porque toda esa noche pensará de sí y se sacudirá muy recio.

Para vianda de tu halcón es bastante a la mañana un miembro de gallina, pero si fuese gerifalte, o tagarote, a éstos darás a cada uno según el cuerpo que tiene. En la noche dale sus plumadas, juntas y algunas picaduras de buena vianda, y con ello siempre las plumas bañadas en el agua tibia; y guárdate siempre de darle nervios ni carne dura, porque no lo puede moler, y dura siempre mucho en el buche. Tampoco le des grosura, porque le empalaga y le engruesa la tripa que va al buche, y hácele no tener hambre.

Aunque en España no lo usan, en todas las tierras donde cazan con el neblí, o con cualquier otros halcones, señaladamente en Brabante, que está en Alemania, y lo mismo en Francia, Inglaterra e Italia, tienen esta regla:

cuando dan de comer a su halcón, si le dan de ave viva, siempre pasan la vianda que le dan por el agua fría, y si la carne que le dan es fría, pásenla por el agua tibia, y es provechoso para tener el halcón sano y sin orgullo, porque la vianda muy caliente enciende el halcón, y la muy fría enfríalo, y, por tanto, es bueno templarlo así todo.

Así lo hacen los brabanzones, que son gentes de Brabante, hoy los mejores halconeros del mundo, y que más saben en esta arte, y tiene razón, porque lo usan más que ningunas otras gentes, pues la tierra de Brabante es una tierra muy llana, y de muchas lagunas, que llaman ellos fluches por lagunas, y hay muchas aves. Cuando vienen las cocas a Flandes, que traen los halcones de Alemania y de Noruega, luego van allí los halconeros de Brabante, porque está muy cerca de allí y compran muchos halcones para educarlos en su tierra, y cuando llega la cuaresma, que los halcones son ya volantes y concertados, van con ellos a París, otros a Inglaterra, otros a Colonia, y al Imperio, a venderlos a los señores; quien quisiere altaneros, quien quisiere garceros, de todo hallará.

Vale un neblí pollo altanero cuarenta francos de oro, y si fuese garcero, sesenta, y si han mudado valen más; porque todo el peligro mayor de los halcones que vienen de aquellas tierras de donde los traen, está en la muda, señaladamente al derribar las tijeras, porque mueren de filandras. Y por esta razón son los brabanzones buenos halconeros, porque lo tienen por oficio, y a mí me acaeció comprarles los halcones en París, y los halconeros de Brabante que me los vendieron venirse conmigo a Castilla, por sus soldadas.

Si tu halcón tuviese pequeñas ventanas nasales, que es gran tacha, señaladamente para el halcón altanero, que necesita venir abajo, y alzarse, y traer el huelgo suelto; si el tal tuviere las ventanas nasales pequeñas, se las labrarás con un cañivete, quitándole un poco de cera, y en cuanto salga sangre ponle allí un poco de algodón y ceraza, y queda el halcón con buena ventana abierta. Guárdate de labrarlo a fuego, aunque algunos lo usan, porque es muy mal modo de labrar, ya que el fuego cada día obra más y muchos halcones pierden los picos por ello.

Procura siempre de dar a tu halcón buena alcándara, gruesa y firme, y que no hayan estado en ella gallinas, y aun, si pudieres excusarlo, no pondrás tu neblí en la alcándara en que sacre ni borní hayan estado, porque el sacre y el borní tienen mucho piojo. La casa esté sin humo, sin sereno y sin polvo, y que no haya en ella cal, porque ciega; debajo de la alcándara esté el suelo limpio, para que veas la plumada cuando la hiciere, o las tulliduras. Procura siempre que nunca des de comer a tu halcón hasta que haga su plumada, y si no la hiciere, harás como se manda en el capítulo de las plumadas viejas, y ponle siempre la lúa debajo de los pies, y un paño de color atado a la vara, porque le es muy sano a los pies.

Cuando tu halcón fuere ya buen señolero, hazle volar picaza en lugar que no haya árboles, porque es muy buena volería: lo uno, enséñale a alzar y bajar y retener el huelgo y atender a su maestro, y cobra gran ligereza; cuando hubiere así un gran rato volado, dale señuelo y de comer, y después que en algunos días hubiere así volado, necesitas buscar otro halcón maestro, y échale con él sobre el agua y ande con él sus giros, y antes que él se quiera bajar, dale señuelo y de comer.

Y después que tu halcón sepa andar ya sus giros, y estuvieres en ribera, deja volar primero el halcón maestro, para que agüe los ánades, y entonces echa tu halcón, y déjalo andar con el maestro. Y así, tan pronto levantares los ánades y siguiere tu halcón al maestro y aguare con él y cobrareis el ánade, dale señuelo y el ánade en el señuelo, y cébalo allí, para que la conozca; y dale la lengua del ánade mascada entre los dientes, el corazón y una pierna, y en esta guisa aliméntalo hasta que derramadamente mate por sí.

Gobernarás en adelante tu halcón en esta guisa: una vez que algunos días haya andado con el maestro, cuando supieres que tienes aves sobre las que tu halcón vuele, y sea en lugar donde lo puedas socorrer y puedas entrar por seco, no sean marismas, ni muy altos juncales entre tremedales, ni haya muchos árboles, así como salcedas, que se lisiaría el halcón; ni haya arroyo muy hondo que no se pueda pasar y socorrer al halcón, mas sean arroyos llanos y lagunas convenientes; y cuando así hallares, ve viento abajo y aléjate de la ribera y haz volar tu halcón y déjalo andar y tomar su altura, porque si de otra guisa lo hicieres y no tomases el viento, los ánades no esperarían tan bien y el halcón tiraría por ellas y podría perderse. Y haciendo esto que te digo, el halcón toma su altura y pasa por encima de los ánades y ellos están tranquilos; los ve el halcón y entonces conoce sobre qué vuela y todavía se pone más alto. No seas codicioso ni deseoso de levantar las ánades hasta que tu halcón tenga su altura, porque si de otra manera lo hicieres, tu halcón tomaría mala costumbre, no se alzaría mucho y tendrías luego que hacerlo levantar. Además, si levantares andando el halcón bajo y los ánades se elevasen, el halcón no tendría altura para alcanzar y golpar; tiraría por el ánade a la tira y sería gran enojo y peligro de perder el halcón. Además, sería un feo volar, pues toda la naturaleza, nobleza y bien del halcón altanero es que sea lo más alto que pudiere.

Cuando vieres que tu halcón está en su altura, levanta, siempre viento arriba y al través, en manera que eches los ánades por seco, pues entonces vendrá mejor tu halcón, porque entiende que puede cobrar. Y si aguare y saliere fuera de la ribera, deja tomar altura a tu halcón y torna a levantarle los ánades; si matare, acude luego, y si cobró, llega quedo a él y quítasela de las manos muy dulcemente y cabalga y corre la ribera hasta que tu halcón se levante; si otros ánades hubiere allí, haz como primero hiciste, y si no los hay, o no quieres más volar, da señuelo a tu halcón y de comer; dale siempre lengua y corazón del ánade y una pierna de gallina, y está quedo con él hasta que se limpie y se sacuda.

Si tu halcón, andando en la ribera sale y sigue alguna ralea, y si el halcón es pollo y está en el comienzo de su volar y está quedo, tú dale voces porque torne, y si no quisiere tornar, muéstrale el señuelo, y si tornare dale señuelo y de comer; no procures hacerle volar más entonces, y sábete que ha hecho bastante, pues tornó a tu mandado. Pero si el halcón es ya volante y sabe lo que ha de hacer, y sale como he dicho y torna, déjalo andar, y si ánades ahí se levantaren, haz como debes.

Procura no hacer volar tu halcón sobre aves menudas y sobre poca agua, porque si cuando el halcón viene a golpar no halla una cerceta suficiente grande, da en tierra y lisiase. Pero si el agua fuere mucha, así como gran laguna, y hubiere allí trullos, cercetas, alzaderas y de tales aves menudas, haz volar tu halcón y levántaselas, porque siempre tornan al agua, y en esto se afeitan mucho los halcones nuevos, en venir abajo y alzar y engolosínanse mucho; cuando un largo tiempo hubieren así volado y acuchillado en ellas, dale señuelo cerca del agua y dale de comer, y no pases cuidado aunque no recobre ninguna de ellas.

Si los ánades estuvieren en seco, no hagas volar tu halcón hasta que entren los ánades en el agua, porque de otra manera se levantarían y el halcón tiraría y perderla su vuelo. Pero si vieres que están orilla del agua, espéralas que entren en el agua; si vieres que no quieren y no hallas otra cosa y tienes borní torzuelo altanero, hazlo volar, y por ventura entrarán entonces en el agua los ánades, y si se fueren, el borní no las seguirá, y así excusarás de no aventurar el neblí; comunalmente esto hacen los ánades en el tiempo de las grandes heladas, porque no pueden romper el agua.

Están los ánades fuera de los arroyos y lagunas cuando ha llovido mucho y hay muchas aguas sobradas, de modo que en los prados están todas las hierbas cubiertas de agua, y los ánades posan y piensan de si; no tienen sino los pies cubiertos de agua, y no entran en los arroyos, por cuanto el agua corre recio por la mucha que traen, y hay peligro; vela entonces al halcón, porque están los ánades tanto como en deseo, y te guardarás de hacer volar a tu halcón en tal lugar.

Pon todo tu saber y toda tu diligencia en que tu halcón revuele y remonte, y en esto afánate cuanto pudieres, porque éste es el caudal del neblí. Procura también, mate o no, llevar señuelo si no está tu halcón volando un poco alto, aunque cuanto más alto estuviere, cuando le dieres el señuelo, será mejor. Y si estuviere posado en tierra, o en árbol, o en casa, espérale hasta que se levante, y cabalga la ribera y dale voces, y cuando se levantare y anduviere un poco sobre el agua, si no hay ánades que le levantes, entonces dale señuelo, de comer y de roer, si quieres ir a cazar otros ánades.

Acaece que los ánades, desde que son golpadas o aguadas, se encierran así en el agua y con el gran miedo del halcón no quieren salir, y hay halcones tan rabiosos y caninos que, cuando las ven así vencidas y rendidas en el agua, se posan en la ribera cerca de ellas, y cuando las ven lánzanse en el agua procurando tomarlas; llaman los cazadores a esto pescar; evítalo con el remedio que se pudiere poner, y no hay otra forma de cobro sino lo más rápido que pudieres, con vara, o con arrejaque o ballesta, cobres el ánade, pues anda muerta. Cabalga y corre la ribera, para que tu halcón se alce, y cuando lo vieres elevado, da señuelo; si se hubiere mojado y estuviere en tierra porque no se pueda levantar a volar, tómalo y no le des entonces de comer, mate o no, y en adelante, si vieres que el halcón a menudo hace esto, antes sufre que se pierda el ánade y da señuelo a tu halcón, antes que venga aquello, que es una cosa que los halcones hacen a menudo desde que a ello se acostumbran, y observa además si lo hace con gran hambre, porque anda flaco; y si esto fuere, súbelo en la carne.

Véngate siempre a las mientes que el día en que nació el neblí para ser tomado por el hombre, y cazar con él, en ese día nació la gallina, y siempre tráela contigo, viva; y aunque tu halcón mate otras presas y les de algunas picaduras de ellas, o el corazón, sin embargo, la gorja házsela siempre de gallina, porque lo conserva siempre templado y sin orgullo, ya que la carne de ánades y aves de ribera, y de otras cualquier presas es mochina y salva-je, enorgullece al halcón y lo hincha de horrura y no obedece al señuelo ni cuida de las raleas.

La gallina que hubieres de dar a tu halcón, no sea muy vieja, y procura que sea sana, pues si fuese doliente, o pepitosa, sería gran daño para tu halcón.

El día que tu halcón no volare en ribera, o a buscar otra presa, no olvides señolearle a la tira, si hiciere buen tiempo, que no llueva o haga gran viento, o niebla, o estuvieres en monte; porque entonces sería peligroso y lo podrías perder; dale entonces señuelo junto a ti, y de comer.

Pero si le señoleares a la tira y tuvieres gallina encubiertamente, dásela a degollar por la boca, y beba la sangre, que es muy sana, y así se lo oí al Viz-conde de Illa, de Aragón, que es muy cazador y sabedor del neblí; dice que es muy sana la sangre de gallina en previsión de las lombrices y gusanos, y porque toma el halcón gran creencia en el señuelo.

De todas las aves yo no hallo tan diversas y tantas naturalezas como en las ánades, ya que se cuentan entre ellos: abocastas, ánades reales, ánades gentas, capirotadas, ginetas, trullos, golondrinos, alzaderas, raíllos, negretas, cercetas, y otras muchas. A todas éstas y de tal naturaleza harás volar tu halcón de la misma manera, haciendo volar primero tu halcón, y que tome su altura, y después levantar; pero a todas las otras presas, salvo sisones, así como grulla, garza, averramia, martinete, cuervo, talvo, alcaraván, lechuza, bitor, lo echarás a brazo tornado.

Antes que los halcones pollos entren en la muda, cuando aún son pollos, es bueno, en mayo, hacerles volar sobre los sisones, porque los hacen ligeros y altos, y a éstos harás volar primero tu halcón y después le levantarás los sisones, y si recaudare, quítaselo cortésmente de las manos, cabalga y házselo revolar. Si aún quisieres más, que vuele otros, si los hay, si no, darás señuelo. Es muy bueno, en este tiempo, también volar martinetes.

Cuando quisieres que tu halcón vuele garza averramia, procura que no haga gran viento.

A tu neblí pollo hazlo volar, algunas veces, sobre las perdices, porque los hace la tal volería muy altos y muy redondos, y toman los halcones en ello muy gran golosina y gran sabor, y vuele como te dije que debe volar sobre los sisones; si recaudare, quítasela de las manos, y no le des de roer, y cabalga y revuele, y cuando vieres que asaz ha volado, y está alto, antes que desemballeste para bajar, dale señuelo y de comer. Procura, cuando quisieres que tu halcón vuele así la perdiz, no traer más de un podenco o dos, y bien mandados. Por otra parte, no le hagas volar en lugar que haya muchos árboles, pues se podría lisiar el halcón cuando viene a golpar.

Acaece muchas veces que se toman los halcones zahareños tan tarde que queda poco tiempo hasta la época de la muda, y es breve también el tiempo para educarlo y cazar con él. Para esto conviene que hagas así: durante todo el verano no cuides de ponerlo, ni sosegarlo en la muda, mas por las mañanas y tardes frescas, hazlo volar sisones, alcaravanes y ánade, y no te preocupes de otra cosa salvo de pasar así el tiempo, volando y dando señuelo; también es buen volar el martinete. Cuando vieres que ya derriba mucho, así de las alas como de la cola, tráelo en la mano, y aguanta cuanto pudieres sin ponerlo en la muda; pero cuando vieres que las plumas vienes en sangre, que sería gran peligro, sosiégalo y métalo en la muda.

El día que tu halcón no hubiere de volar, aquel día, en la mañana, ponlo en el prado, en lugar apartado, sobre una piedra, bien atado a su lonja, y allí holgará y pensará de sí; y procura que el lugar donde lo hubieres de poner, sea entre paredes, no sea en el campo abierto, porque vería las aves que atraviesan por el cielo y no sosegaría. Y tú no te apartes de él con el roedero, para que si vieres que no quiere sosegar, lo tomes.

Este poner así en el prado no lo usan los cazadores de Castilla, mas el halconero de Brabante no lo excusaría por cosa del mundo, porque dice que su halcón ha menester de pensar de sí, y tomar placer, y que le es mejor allí que no en la alcándara.

También, como dije primero, guarnece siempre tu halcón de buenos cascabeles, de buenas pihuelas y de buen capirote; porque si el capirote daña o toca los ojos, podría perder la vista o tener nube, y además le escarmienta de tal manera que aborrece el capirote. La mala pihuela, de mal cuero o muy apretada, le hincha los pies, por lo que le recrecen la gota o los clavos. Los cascabeles sean buenos y doblados de milaña, y si tu halcón es bullicioso, y sale a menudo de la ribera, y se va con la ralea, cárgalo y échale cuatro, o si menester fuere seis, según vieres el cuerpo del halcón y su orgullo. Algunos cazadores hay que, cuando cargan su halcón por ser orgulloso y salirse de la ribera, le ponen cascabeles en la cola, y le resulta muy mal y feo; hay otros que le ponen cascabeles llenos de plomo, y esto me parece muy peligroso, pues el halcón podría mancarse muy pronto; por tanto, es mejor cargarle de muchos cascabeles, que más empachan al halcón y lo enojan, y lo harán sosegar por ser muchos, antes que por la pesadura que soporte, en cuanto son cuatro o seis, según cumple; y yo así lo usé y lo querría usar; aunque no sean muy buenos, no importa, en tanto que suenen. Pero cuando tuviere que traer los cascabeles que le cumplen cuando anduviere bien ordenado el halcón, los cascabeles sean agudos y graves, uno prima y otro bordón, pero tan grande el uno como el otro, que hagan buena melodía. Son buenos los cascabeles, lo uno porque el halcón parece bien cuando vuela, y lo otro porque las ánades y aves sobre que volare más se asustarán; pero, además, si perdieres el halcón, hallarás más pronto su rastro porque lo oyen muchos de los que andan por la tierra, y podrás tomar y saber noticia de él.

No se te olvide de traer siempre contigo capirote sobrado, para que si perdieres el capirote que el halcón trae, como acaece a menudo, tengas de qué socorrerte, porque de otra manera te verías en gran enojo, peligro y quebrantamiento del halcón.

Si perdieres tu halcón, serás bien diligente en buscarle, y no te enojes de ello, y lleva contigo gallina viva y tu señuelo bien encarnado. Y si se fue con ralea, busca noticia de la tierra que llevó, y si la alcanzó, y mira bien, porque muchas veces se esconden en cuanto alcanzan la ralea, acallan los cascabeles, no suena ni come hasta que el hombre pasa. Y si otra señal no tienes, mira viento arriba y en las riberas, que allí acudirá, y si lo recuperares y tuviere ralea, quítasela de las manos de manera que entienda que te pesó. Y si alguna noche durmió fuera de tu poder, cárgalo de cascabeles hasta que veas que está seguro, y si, cuando lo buscares, acudiere a ti al señuelo hazle cuanto placer pudieres y dale gallina a degollar en el señuelo.

Procura que tu halcón no traiga gran pico, porque parece mal y le es dañoso; no come como debe, resuella y cárgase de agua; y cuando le crece así mucho, levántansele esquirlas, de que viene a desportillarse y perder el pico. También cuando le hicieres el pico, hazlo con buen tiento, y no saques sangre, ni le llegues al maslo. Las uñas, si es altanero, tájaselas y tráigalas cortas, y si es garcero no se las cortes.

Haz volar a tu halcón por la gran mañana, madrugando mucho con él; esto es buena costumbre y además las raleas y las águilas no aparecen; y aún también lo harás volar a las tardes, porque el neblí dos veces al día debe volar.

Cuando tuvieres neblí que sea aventajado para altanería y redondo en la ribera, por mi consejo en aquello lo mantendrás, y no lo harás garcero porque después que son garceros, dejan mucho la altanería, y el caudal y sutileza del arte del neblí todo es la altanería, y tarde se halla tal halcón para ello como debe ser mientras que garcero pronto se hace el halcón, y los cazadores siempre contaron la garza por ralea.

El halcón duerma en tu cámara, o en la del que tuviere cargo de cuidar de él, y tenga candela toda la noche. En España usan los halconeros dejar sus halcones sueltos, porque si de noche se sueltan de la alcándara, lo que acaece soñando que andan a caza, sería peligroso y algunos hay que se perdieron así. En Francia, y en aquellas tierras, átanlos, porque dicen que el halconero no debe tener su halcón tan alejado de sí que no lo oiga, y si estuviere suelto, podría dar en la pared, o en alguna otra cosa y lisiarse; cada uno pone buena razón por sí. Pero yo siempre lo dejé suelto y cerca de mi cama, si es halcón de que me pagué.

Cuando tu halcón tomare alguna presa, así como garza, u otra de la que le has de dar a comer, no le dejes comer enseguida, hasta que pele, porque el halcón está encendido, y la carne de la presa arde, júntase todo, y hace gran daño al halcón. Y cuando un rato así pelare, dale de comer y guárdale de la sangre, porque no le es buena, ya que, como dije, son presas salvajes, y se enorgullece el halcón con su sangre, y aun con la carne si mucha le das; debes guardarlo de esto, porque el neblí de su naturaleza es bravo por el arrojo y esfuerzo que en él hay, y, por tanto, es menester de gobernarlo templadamente, pero decía Juan Fernández Burriello que al halcón que no descendía derramadamente en la ribera era bueno darle algunas veces a comer el pecho del ánade porque tomaba gran creencia y sabor. Yo no dudo que esto es verdad; pero, a la tira, es más presto el neblí en seguir el ánade, si anteriormente hicieres esto, y podrás perderlo antes. Mas si el halcón es tan duro de educar que no desciende como debe, bien es alguna vez darle así de comer en el ánade, pero sea muy pocas veces.

Cuando tu halcón tomare ralea, así como corneja, sisón, paloma u otra contra tu voluntad, sácasela de las manos en manera que él entienda que te pesó de ello, y no le hagas halago ninguno, sino luego ponle el capirote y no le dejes volar hasta que pase así bastante tiempo.

Es bueno, algunas veces, dar a tu halcón liebre caliente, porque es vianda muy liviana, que remonda y limpia el buche del halcón.

Pero esto sea una vez en el mes, y dale una gorja, mas guárdale de la sangre, porque es muy seca y hace huélfago; cuando el halcón trabaja mucho, es buena vianda, y vi que Ramir Lorenzo, comendador de Calatrava, que arriba hice mención de él entre los cazadores y grandes halconeros, fue buen cazador, y especialmente fue muy buen cetrero, y cuando tenía azor de Noruega y hallaba garza en el Tajo, que es río caudal, y moraba cerca de allí, él hacía guardar la garza, y con los halcones alfaneques que tenía iba a buscar la liebre, y después que la tomaba, cogía entonces su azor, e iba a echar la garza, y su azor la tomaba en guisa que cayese en el agua grande y se mojase. Aquel día dábale el corazón de la garza, y todo el papo de la liebre, porque era vianda buena y liviana. El azor llévaselo luego al buche; y decía que asaz tenía el azor de trabajar en enjugarse y, por tanto, había menester no ser alimentado de vianda sino liviana, como es de liebre.

Cuando quisieres hacer a tu halcón garcero, harás así: si tú vieres que tiene ojo para la garza y llega a ella, mas no pega con ella, bájale un poco la carne, y dale hambre. Si vieres que ni con esto quiere trabar de ella, entonces busca halcón maestro que sea buen garcero. Y cuando vieres que el halcón maestro vuela, y la garza se rinde, entonces quita el capirote a tu halcón, y déjalo volar, que luego se juntará, con el maestro, a lo que ve rendido, y si la garza muere, hazle allí todo el placer que pudieres, y dale en la garza a pelar, que la conozca, y dale el corazón de ella, y tuétanos y una pierna de gallina, y coma algunas picaduras en la tabla de la garza. Mas nunca jamás hartes a tu halcón con carne de garza, porque es muy viscosa, mochina, empalaga mucho, y aborrécenla los halcones muchas veces por ello.

Después que tu halcón haya comido en cinco o seis garzas, y las mata denodadamente sin maestro, en adelante échale garza esquivada; que otro halcón la esquive y la haga remontar, y cuando fuere razonablemente alzada y alta, entonces echarás tu halcón, porque no le debes enseñar a matar garza baja, que es lo que querría él.

Cuando echares tu halcón a garza o a otras raleas, echarás viento arriba, al contrario que haces con las ánades, porque la garza luego toma el viento abajo y halla el halcón en encuentro. No lo eches en río grande o en lugar que no lo puedas socorrer. Cuando hubieres de hacer que tu halcón vuele por garza, procura que no haya estado al Sol, y que tenga buena hambre, y si trajese cascabeles grandes, descárgalo, y vuele con cascabeles livianos.

Si alguna vez tuvieres halcón garcero y hallares garza y ánades, todo en uno en la ribera, cerca lo uno de lo otro, entonces harás levantar primero las ánades y echarlas de allí, y cualquier otra ralea si la hay; porque de otra manera si echares el halcón a la garza, y andando con ella se levantasen las ánades el halcón vendría a ellas y dejaría la garza; y si no viste las ánades hasta que tu halcón volaba, procura en cuanto pudieres no levantar las ánades, que ya entonces no hay otro remedio.

## Capítulo IX. Cómo se debe limpiar el halcón del piojo

Anteriormente hemos dicho que los halcones, así los que traen de Noruega, que vienen de Flandes, como los que toman zahareños, lo primero que les debes hacer es bañarlos del piojo. Pues no hay duda que los que traen de Flandes tiene piojo por la compañía de muchos halcones que vienen juntos, y los que se toman bravos tienen piojo de las aves que cazan para cebarse cada día, y hasta que los bañes y limpies no pueden estar en su sabor, ni harías de ellos lo que quisieres, ya que luego que le da el Sol al halcón y el piojo bulle, tanto tiene que preocuparse que no cuida de otra cosa, porque la pluma se le calienta, y el piojo muévese, y le hace picotearse y a las veces perderse. Y como dije, cuando son pollos, el oropimente es buen baño para ellos. Pero en cuanto han mudado, y están bien vestidos de hermosas plumas, no los quieren los cazadores teñir del oropimente, según se ha dicho en el octavo capítulo, luego en el comienzo.

Para limpiarlo, cuando tu halcón mudado sintieres que tiene piojo (se lo verás en que toda la noche suena los cascabeles y no sosiega, rascándose con los pies, y sacudiéndose a menudo, y algunas veces son tantos, que los verás salir al Sol por encima de las plumas), tomarás para un halcón una onza de pimienta bien molida y cernida, y un cuarto de onza de favarraz molido, átalo en un trapo y ponlo en un bacín, o en una gamella pequeña con agua tibia y algún vino blanco, cuantía de la cuarta parte, y haz salir toda la fuerza de los polvos de la pimienta y el favarraz que tienes en el trapo, en el agua, y después pon un paño de lino en el bacín, y coge tu halcón dulcemente, que no lo aprietes, para que no se hiera en los hombrillos y en las espaldas, porque tiene allí los huesos y poca carne; ten alguno que te ayude; derriba tu halcón, mójale bien todas las plumas con el agua, as! revuelta con el polvo de la pimienta y favarraz, como se dijo, y, cuando lo hubieres así bañado, envuélvelo con un paño de lino limpio, y esté así encamisado un tiempo encima de un faceruelo, y después, desenvuélvelo y tómalo en la mano, tenlo al Sol hasta que se vaya enjugando y veas salir el piojo, y quítaselos luego con una caña así como fuesen saliendo, y a los cuatro o cinco días pruébale el agua dulce para que se bañe si quisiere.

## Capítulo X. Cómo se debe purgar al halcón del agua común que no es vidriada

Causas:

Acaece muchas veces, según hemos dicho, que los mercaderes compran y juntan halcones para vender y no cuidan de otra cosa, sino de alimentarlos a la menor costa que pueden. Por tanto, no les dan sino malas viandas, y por esto, y por estar encerrados, que no ven el Sol ni les prueban el agua, no están sanos y cárganse de agua. También, cuando los cazadores los traen y no les dan a tirar, o les dan casa con humo o humedad, cárganse de agua, y es ligera de curar antes de que se vidrie, y lo conocerás en esto:

Síntomas:

Que le verás cuando le das de comer y tira, que le cae agua por las narices y estornuda, en guisa que al cazador que le da de comer rocía el rostro con el agua que sacude. Y si el agua que tu vieres es tan cargada que tiene las señales que dice el capítulo onceno, que es el siguiente de éste, que habla del agua vidriada, habrás de curarlo como allí dice.

Recetas:

Pero si no es tanta como he dicho en este capítulo, dale favarraz bien mondado y limpio, apretado en un paño en el agua caliente, en guisa que salga tan claro que apenas tenga leche; y ponle en cada ventana cuatro gotas, o, en cada, tres, según vieres la complexión del halcón, y muéstrale un poco el Sol y ponlo luego a la sombra, y esté quedo en una alcándara hasta que haga sus babadas, y ponlo más tarde en una cámara fría, y bien tarde dale de comer de una pierna de polla, y para bien mientes, cuando así hubieres de purgar tu halcón, que esté bien recio, porque de otra manera sería gran peligro.

Otros dejan de darle el favarraz, y untan al halcón el paladar con miel, y después se lo refriegan con oruga molida, y hácenle purgar del agua, y es más sin peligro. Para excusar esto en adelante, da siempre a tu halcón a tirar y desplumar dos veces al día, y guárdalo que no le dé sereno de noche, o humo, o mala vianda, y así nunca se cargarán de agua para que lo hayas de medicinar.

## Capítulo XI. Cómo se debe purgar el halcón del agua vidriada

Porque la cabeza es principal miembro de todo el cuerpo, y cuando este miembro está enfermo todo el cuerpo padece, en consecuencia, el agua vidriada de que este capítulo habla, es principal dolencia de las dolencias que se engendran en los cuerpos de los halcones, y cuando esta dolencia es en la cabeza del halcón, luego se apoderan de él otras dolencias y dolores.

Síntomas:

Conocerás esta dolencia de esta manera: para mientes en el rostro del halcón, verás su semblante triste, los lagrimales de los ojos hinchados y el cuello grueso; cuando se debate, o deja de volar, tienta con el pico y da en él. Además, cuando come, no lo hallarás tan valiente como solía, ni en el desplumar ni en el mesar, como antes que tuviese esta dolencia, que se cura así:

Remedio:

Tómale en la noche, en cuanto no tuviere papo y échale agua tibia con un poco de vinagre en las ventanas, y procura que el vinagre no sea más que para hacer el agua un poco aceda, y ponlo en la alcándara, y déjale sacudir y en cuanto vieres que deja de sacudir, tómalo en la mano y dale a tirar en un roedero, y desplumar. Al otro día toma miel en terrón, un poco dura, y métesela en la boca, y después que se la dieres, tápale la boca, teniéndole el pico con la mano hasta que lance la miel por las ventanas, y después ponlo en la alcándara y se sacudirá de toda aquella agua. Cuando le metieres esta miel, no se la harás ir al vientre, que le sería gran trabajo, y dale un poco de comer esa mañana y tarde y ese mismo día a la tarde. Cuando le dieres de comer, pruébale el agua, y beba de ella si quisiere, y toma espic y clavos de giroflé; y la canela y flor de canela; átalo todo en un paño limpio y ponlo en una jarrilla pequeña: hínchela de agua y hazla hervir hasta que tome sabor de las especias, y cuando estuviese cocida, déjala entibiar de manera que sea tibia, y da al halcón la pierna de la gallina, mojándola allí en aquella agua, y una ala de gallina cada día, y el agua sea siempre tibia cada vez que así le hubieres de dar de comer.

Complicaciones:

Debes saber que de esta agua vidriada se hace otra agua peor que es más vidriada que la susodicha, porque a esta primera que hasta aquí he hablado, no le debes hacer ninguna otra cura salvo la que he dicho.

Síntomas:

Pero esta otra agua vidriada la conocerás por las señales que te he dicho y, además, verás otra por la cual la puedes mejor conocer. Sábete que allí donde dije antes que le verás los lagrimales de los ojos hinchados, en ese lugar le verás hacer como los fuelles que se hinchan y deshinchan, y cuanto el halcón más se debate, tanto aquellos lagrimales más hacen aquello; además, para mientes y verás en las ventanas del halcón como muermo cuajado que no sale fuera sobre el pico; a esta dolencia de esta agua vidriada harás así:

Receta:

Toma un hierro hecho por esta figura que está aquí figurada, y que sea tan largo, que cuando lo calentaren de una parte, lo puedas tener de la otra con la mano, sin quemarte, y será tan largo

como un jeme. Y este hierro tiene de una parte un botón, y sea tan grande el botón como la cabeza del alfiler; es tal como el hierro con que labran las bestias; caliéntalo bien al fuego, derriba el halcón muy mansamente, ponle aquel botón bien caliente en un hoyo que le hallarás entre el ojo y la ventana, y pónselo tantas veces, que el botón vaya dentro a las entrañas de las narices, y así, de la otra parte. También le debes poner otro botón sobre la cabeza entre los ojos, y esto hecho, debes tener un poco de miel y pónsela en la boca, según he dicho antes, y que la lance por las ventanas, que no vaya al vientre. Al otro día debes hacer un saquete de lienzo tan grande como tu palma; hínchelo de rosas secas, y cuécelo en una olla pequeña, nueva, llena de agua, haciéndolo hervir. Y cuando estuviere cocido, déjalo entibiar; haz otros dos saquetes tan grandes como aquel de las rosas, hínchelos de mijo, y que sean bien cosidos alrededor; pon una teja en el fuego, caliéntala bien, y cuando estuviere bien caliente, sepárala del fuego y derriba tu halcón sobre un cabezal, calienta aquellos saquetes de mijo en aquella teja, de manera que no se quemen, y cuando fueren bien calientes, ponle un saquete de mijo por encima de la cabeza, de los ojos, de las orejas, sobre el pico, sobre lo llano de la cabeza, y cuando el uno fuere frío ponle el otro caliente, tantas veces que la cabeza del halcón quede bien calentada. Una vez que la cabeza del halcón fuere bien caliente, toma el saquete de las rosas, que no sea más caliente de cuanto lo puedas sufrir, y caldéale la cabeza y los lugares sobre dichos poniéndoselo allí.

Dale, ese día, de comer una pierna de gallina mojada en el agua del espic, que sea tibia, de la manera que antes he dicho, y este sudadero harás de tres en tres días, tres veces al día. Al día siguiente, después del lavatorio, le darás tres píldoras de acíbar cecotrí, hechas de esta guisa:

Píldoras:

Tomarás el acíbar cecotrí y muélelo bien; toma el zumo del hinojo y echa gota a gota en el acíbar, de manera que no sea muy blando, antes un poco duro, y haz entre tus manos las píldoras tan grandes como garbanzos; da luego al halcón tres de ellas, y si no fuere tiempo de haber hinojo, tomarás el agua del hinojo que tienen los boticarios, y estas píldoras comenzarás a dar en el sobredicho día, y en adelante de tres en tres días. Así que se han de dar en nueve días nueve píldoras, tres píldoras cada vez, y se las darás de esta guisa:

Medicación:

Toma la tripa de la gallina, lávala, mete en un pedazo de la tripa una píldora, y así las otras, y méteselas por fuerza en sus términos, según he dicho.

Otra complicación:

Por causa de esta dolencia misma, que antes dije, acaece que esta agua vidriada tapa los caños, así de las ventanas como de los ojos y las narices, y esta agua no tiene por dónde salir y tórnase a la cabeza donde se engendró, y por fuerza del taponamiento de los caños pónese sobre el meollo, y hace perder la vista al halcón, viénenle vahídos, cae en tierra y no se puede levantar, tuerce la cabeza, se estremece y parece que está endemoniado.

Curación:

Esta dolencia curarás con las medicinas que arriba hemos dicho para la primera y segunda dolencia, y además lo labrarás en las ventanas para hacerlas mayores. Toma un hierro luengo y delgado, sutil como lezna, bien caliente, hecho de esta manera:

Y con este hierro le pasarás las narices y sea bien caliente; y pase hasta el mango, y el mango sea también de hierro, bien pulido, y bien limado y tan largo todo el hierro como un palmo, porque lo podrás mejor calentar y manear para labrar con él; y pase las ventanas de un cabo al otro; y después toma los otros hierros sobre dichos y figurados en este capítulo para la primera y segunda dolencias, caliéntalos bien, y quema en las fuentes sobredichas también en la cabeza, entre ambos ojos, y después ponle un botón caliente en el testuz, donde se junta el pescuezo con la cabeza, y hazle las otras curas según he dicho.

Debes saber que estas dolencias se engendraron por muchas maneras y razones: la primera razón por las malas viandas de carne desolladiza y no fresca que dan a sus halcones algunos cazadores, también, por no darles a tirar y desplumar; también cuando las aves vienen enojadas en el tiempo de invierno, y son puestas en alcándaras malas, delgadas y no firmes, y los halcones no osan pensar de sí ni sacudirse; por estar en casas de humo; o no ser puestos al Sol ni purgados cuando les cumple, ni puestos en el agua; y cuando hace tiempo para ello no los hacen volar ni les dan señuelo a la tira. Y de estas cosas, de los malos gobernamientos, crecen estas dolencias, y a las veces los malos gobernamientos son engendrados de estas dolencias. Por cuya razón cumple a los cazadores que siempre se remiren en sus halcones como mujer en el espejo, por ver si parece bien o no, y tal debe ser el cazador con su halcón para ver si muda el semblante, porque si tiene algún enojo, luego el halcón muda el semblante. Y de esta dolencia del agua vidriada, de que tanto padece, que es menester hacer estas obras, pocos halcones curan. Pero yo vi a Juan Fernández Burriello hacer esta cura a un neblí del rey don Pedro, que llamaban Calahorra, y traíalo un su halconero llamado Ferrand García el Romo, y lo vi curar, y después matar muchas garzas, y digo esto, porque no desesperen de medicinar su halcón los que este libro tuvieren, porque no puede suceder peor que tenerlo ya por perdido.

## Capítulo XII. De la purga común para purgar al halcón del cuerpo

Causas:

Acaece, por muchas maneras, que los halcones han menester ser purgados en los cuerpos, especialmente recién comprados de los mercaderes por las malas viandas que han comido; también, por el gran tiempo que los han tenido encerrados y están cargados de malos humores; también, cuando se purga a los halcones de la cabeza, tragan babada y agua de aquella que les echan cuando les dan a sacudir, y es menester limpiarlos de ello porque cuando los halcones no están purgados no tiene verdadera hambre, ni se los puede ordenar como cumple, ni andan obedientes al señuelo, ni cuidan de hacer bien ninguno. También les recrecen otras dolencias mayores, por donde pueden peligrar, y por esto conviene purgarlos, si los halcones están fuertes.

Síntomas:

Verás las señales del que lo ha menester en esto:

Lo primero, que estando en su buena carne, cual debe, no tiene verdadera hambre, ni vuela como debe, y desecha las presas que solía tomar, y si no lo hace por orgullo de estar muy grueso, ten por cierto que lo hace por no tener el cuerpo purgado. Lo segundo, sus excrementos son feos y de mal color, y con mucho negro, como estiércol y mal ordenados.

Receta:

Cuando vieres esto, harás así:

Toma un tártago y dáselo, según todos los cazadores se lo suelen dar, mirando el cuerpo y la complexión del halcón, porque uno ha menester más granos que otro, y cuando se lo hubieres dado, pruébale el agua en ayunas; beberá si quisiere, y después que tenga un buen rato el tártago, dale una pierna de polla, y por cuanto el halcón queda fatigado del cuerpo, a los dos días dale azúcar cande, poniéndoselo en la boca en tres o cuatro pedazos; y pruébale el agua en ayunas, y si vieres que no expele el azúcar, dale un corazón de carnero bien lavado, quitándole la piel que tiene, los nervios, durezas y grasas, y con él dale zaragatona, y en adelante torna a darle buenas viandas como primero solía comer.

Recomendaciones:

Si los halcones fueren villanos como sacres, bornís, o alfaneques, dales lardones. Pero al neblí no se los debes dar, y haz mucho por dar a tu halcón siempre buena vianda, y de pelar, plumar, y tirar a menudo, que cada vez que le quitares el capirote, luego vea el roedero y tire en él. Haciéndole esto, siempre estará guardado de no venir a la necesidad de estas purgas, pues estoy seguro que las purgas desgastan y destruyen el cuerpo del halcón. Pero a la entrada de la muda, y a la salida, bueno es purgar el cazador su halcón., y cuando viere que le viene dolencia, porque no se puede excusar, ya que muchas veces los halcones alcanzan raleas, y se ceban en ellas, y comen plumadas, y el hombre que no es muy diligente en mirar por su halcón, no cuida de esto, y se le almacenan plumas viejas en el buche, que después se pudren, y hacen que sea menester purgarlo, porque estará en peligro de morir.

## Capítulo XIII. Del halcón que deseca

Causas y síntomas:

Muchas veces acaece que por malas viandas y mal pensamiento, y no comer los halcones cuando deben, o comer poco o viandas frías y no frescas, o no ser purgados al tiempo que deben, adolecen y crécenles las dolencias y gástanse cada día, de manera que muchas veces vienen a desecar; y otros halcones desecan cuando las filandras o filomeras se engendran en el cuerpo. Desecan asimismo por hidropesía que tienen, y también deseca el halcón cuando es herido en el cuerpo, y no se le cura como debe, y cada día se le gasta el cuerpo; después que el halcón comienza a desecarse, aunque coma no le aprovecha, ni tiene fuerza en sí, y lo verás triste y apretado y sacúdese flojo, no tira ni despluma y gástasele la carne; debes socorrerlo al comienzo de esta dolencia, porque después, aunque quieras, no le valdrá; y el remedio es éste:

Recetas varias:

Si vieres que tu halcón tiene aquellas señales que dice en el capítulo XXVII, harás y le curarás así como manda allí, y si tiene las señales de hidropesía, según dice el capítulo XXXI, que habla de esta dolencia hidrópica, lo curarás como allí manda, y si lo tiene de herida que recibió en el cuerpo, y no fue bien curado, y la herida no estuvo bien cicatrizada, cúralo de la llaga, si no está cerrada, según se manda curar en el capítulo XXXIV.

Recetas de reposo:

Si el mal no viene de estas dolencias sobredichas, entonces tenlo en buen régimen, dándole poco a poco buena vianda, cercetas, negretas, aviones, si es tiempo de ellos, y palominos, y paloma a degollar; beba la sangre, mas no coma la carne de la paloma. Dale la vianda que le hubieres de dar mojándola en leche de cabras; pero no le des gran papo, y dale la suelda que está ordenada en el capítulo XXVIII, que habla de la pierna quebrada, y no le des pluma ni hueso con que haya de trabajar, y tenlo en buena casa, dale Sol en que piense de sí, ponlo en el agua si quisiere beber, no te ocupes en mostrarle el señuelo, antes haz todo cuanto pudieres por enorgullecerlo y ponerlo en carnes hasta que sea recio, ya que si en tales dolencias no mejora pronto, tarde se recobra.

## Capítulo XIV. Del halcón que está atemorizado

Muchos hombres quieren tener halcones y cazar con ellos, pero no lo saben hacer y yerran en muchas cosas, señaladamente al comienzo, cuando el halcón es bravo y lo comienzan a sosegar y hacer capirotero. Hay algunos que toman gran queja de ello y, creyendo hacer bien, quítanle el capirote muchas veces delante de las gentes, y el halcón, como aún está bravo, espántase de la gente, debátese y no le saben socorrer con el capirote antes que así se derrame, poniéndoselo dulcemente, o se lo ponen dándole con la mano en el rostro, y espántanlo más, de lo cual el halcón toma más saña y miedo.

A las veces, quéjanse dando voces, y así, tan pronto el halcón ve el rostro del hombre, siempre se espanta más y cuélgase de la mano, de lo cual todos los halcones son muy fáciles de dañarse, señaladamente los gerifaltes, sobre todo los torzuelos, y también los neblís, así primas como torzuelos.

Cuando el cazador que a tal estado lo llevó, ve así su halcón dañado, enójase con él, dalo a los mozos para que lo lleven, y todavía se daña más, hasta que desesperan de él y déjanlo perder. Esto viene por el mal sufrimiento y poco tiento del cazador; conviene que se enmiende con buen tiento, de todos los yerros cometidos, y que el cazador vuelva a tener cuidado, mejor de lo que tuvo, y más paciencia. Para ello hará así: procure al halcón un capirote bien hecho, bien cerrado, que no vea con él ni le llegue a los ojos; no se lo quite, salvo cuando hubiere de darle de comer y entonces apártese a una cámara oscura, sin compañía, pero tenga candela, y allí le dé de comer, cuando tenga mucha hambre, porque con ella olvide la esquivez y bravura que ha tomado, y no cuide sino de comer; déjelo limpiar el pico y sacudirse. Luego póngale su capirote muy mansamente; no se caiga de la mano, ni lo dé a mozo ni a nadie que cometa más yerros con él; a la noche, ante candela, dele a tirar, dele también sainetes y vianda con que tome sabor y placer; póngalo durante la noche en su alcándara cerca de su cama, con la candela delante y tómelo en la mano antes que el día venga.

Cuando viere que se va tranquilizando, procúrele otro capirote que vea con él un poco y divise las gentes, para que vaya perdiendo el miedo, y así lo irás gobernando con buen tiento tantos días hasta que el halcón se sienta seguro. Y en adelante, cuando lo vieres bien amigo del hombre, harás como debes; y si fuere neblí es menester que seas muy paciente, aunque lo mismo quieren todas las aves; el gerifalte y el neblí no quieren que les quiten los capirotes, salvo para volar, o comer, o poner en la alcándara, o poner en alguna agua, para llevarlo al prado, según dijimos, lo que no hacen los otros halcones, que lo soportan y van mucho tiempo en la mano, sin capirote.

## Capítulo XV. Del halcón que tiene güérmeces

Primera clase:

Causas:

Los güérmeces se engendran en la cabeza del halcón por muchas maneras: los primeros güérmeces se engendran en la cabeza cuando el halcón está lleno de agua que corre por las narices a la boca, caliéntala y con aquella putrefacción hace los güérmeces, y no son de peligro, pero debes curarlo de esta guisa:

Recetas:

Toma un paño de lino limpio y mojado en vino blanco, lávale la boca con él, rocíale con el vino la cabeza y el rostro, y usa esto hasta que sea sano.

Segunda clase:

Otros güérmeces hay que se engendran en la cabeza del halcón; éstos son de heridas de huesos cuando comen, y esto ocurre a los halcones que son garganteros, traban de huesos y llíganse en las bocas, y estos güérmeces no son de peligro.

Curación:

Debes curarlos con una paleta muy sutil, cuando estuvieren bien maduros, que no hagan sangre, y después ponle miel en aquellas llagas y curará pronto.

Tercera clase:

Güérmeces hay que se engendran en la boca del halcón; de éstos hablaremos y declararemos porque son más peligrosos que todos los otros. Todos los cazadores conocen estos güérmeces que digo peligrosos; son blancos, en figura de granos tan grandes como mijo, y mayores, y están por toda la boca y las hendiduras de la lengua, y entran hasta en la garganta, y es dudoso si podrán sanar o no. Pero debes curarlos de esta guisa:

Curación:

Toma una paleta sutil de plata o de hierro, que no sea de caña, que le cortaría y haría sangre, y quítalos grano a grano, de manera que no sangren; toma piedra alumbre y muélela; échasela en aquellos lugares de donde quitares los güérmeces, y tenlo derribado un rato hasta que aquel polvo de la piedra alumbre que echaste haga su obra, que no lo sacuda el halcón, y haz esto de tres en tres días, o antes si vieres que tiene necesidad.

Cuarta clase:

Otros güérmeces hay en las orejas, y éstos no se deben curar, más que quitándolos con una paleta y llenando las orejas de algodón dos veces al día.

Síntomas:

Los más de los halcones que los tienen traen abierta la boca y no la pueden cerrar, y cuando vieres así la boca abierta ' luego ten guarda de estos güérmeces sobredichos; párale mientes en la boca, y en aquel lugar debajo de la lengua donde las bestias tienen el galillo, y mira si tienen aquel lugar hinchado.

Curación:

Si vieres que lo tiene hinchado, toma una lanceta muy aguda, y rómpele a lo largo sin duelo, y si el halcón tiene dentro güérmeces, quítaselos y métele dentro algodón envuelto con miel.

Sábete que el halcón que tiene esta dolencia no quiere comer y debes meterle buena vianda en la boca por fuerza, para que coma, porque no poniéndosela así moriría el halcón por desamparo, y con esto puede curar; porque esta dolencia es mortal, y es menester curarla sutilmente.

## Capítulo XVI. Del halcón al que le remanece el papo

Algunos cazadores hay que, creyendo hacer bien y piedad a sus halcones, les dan muy grandes papos, especialmente cuando toman o matan alguna presa, pensando que se lo agradecen mucho. No miran qué vianda les dan, o qué hora del día es, si es tarde, de manera que el halcón no tiene espacio ni tiempo para gastar y torcer la vianda y llevarla al buche; o qué cuerpo tiene el halcón, o cómo gasta; porque un halcón tuerce o gasta lo que come más deprisa que otro, y dándole así de comer sin medida, al día siguiente, cuando amanece, quédale gran parte del alimento en el papo, como una dureza amasada, y es gran peligro porque los halcones llegan a apostemarse y adolecer. Por ello, primeramente, antes que tu halcón caiga en este yerro, procura regirlo bien, y darle de comer con buen tiento, de manera que entiendas bien que antes de media noche lo habrá gastado y llevado al buche, porque en adelante deberá expulsarlo del buche vaciando su vientre, así que cuando lo tomares, en la mañana, el halcón haya quedado purgado, si tuvieres que ir a cazar.

Pero si acaeciere tal yerro, que así no sucede, y le remanece el papo por esta demasía de comer, según es dicho, ponlo ese día en una casa muy oscura que parezca que es de noche, y déjalo ahí todo el día en su alcándara, y ese día aunque lo digiera no coma cosa ninguna, salvo en la noche juntas de plumas; al día siguiente dale azúcar cande poniéndoselo en la boca, y ponlo al Sol hasta que expulse el azúcar que le diste; pruébale el agua en ayunas, y después dale un corazón de carnero, quitándole la tela, grosura, nervios y durezas, y lavándolo con agua, y dale zaragatona dentro del corazón. Si vieres que el halcón quedó muy enojado, dale píldoras de acíbar pático, según dijimos en el capítulo XI, hechas como las de acíbar cecotrí, y en adelante guárdate de tal yerro.

Acaece algunas veces que el halcón, por no estar sano, no gusta los alimentos y remanece con el papo; entonces coge tu halcón y muy sutilmente, con los dedos sácaselo del papo, o hazlo vomitar y dale una gargantada de vino blanco, si lo tuvieres, sino, sea bermejo, y déjalo así ese día hasta la noche que le darás media pierna de polla, con los polvos que hallarás ordenados en el capítulo XXXIII, que habla del halcón que vomita, cuantía de dos garbanzos.

## Capítulo XVII. Del halcón que tiene el papo lleno de viento

A las veces acaece que dan los cazadores a sus aves más favarraz de lo que cumple, y es gran peligro, porque unos halcones son más recios que otros. De las purgas que dan a los halcones, ésta es muy peligrosa, si no se tiene tiento, y los halcones que son muy recios, cuando les dan el favarraz no quieren sacudir, y danlo al papo e hínchesele de viento y por esta razón hay halcones que traen las tripas llenas de viento, y éste recude para arriba en forma de regüeldo, y cuando llega al papo detiénese allí, y aunque el halcón coma y digiera, aquel papo no deja de henchir allí viento. Y sucede, a las veces, que cuanto más come el halcón tanto más se hinche de viento, y los que no saben por qué se hace esto, maravíllanse, y en consecuencia este será el remedio: cuando vieres que tu halcón tiene esta dolencia y tiene aquel viento, harás así:

Toma palomo o paloma vivo, dáselo que coma, tire y trague todas las plumas que pudiere llevar, hínchele bien el papo de esto, y hazlo tres o cuatro días; inmediatamente saldrá el viento y el halcón quedará sano.

## Capítulo XVIII. Del halcón que tiene plumadas viejas

Todos los halcones que los cazadores tiene deben ser guardados de que nunca les den de comer hasta que miren si hicieron la plumada que les dieron, y para esto débenlo poner en una alcándara y mandar barrer debajo en tal manera, que esté limpio el suelo para que, cuando el halcón hiciese la plumada, al otro día la hallen y no pueda esconder en ningún lugar.

Guarda, pues, esto: si el halcón no hiciese la plumada, no le den de comer, ni sea lanzado a presa o señuelo, mas denle por la boca, metiéndoselas, una piedra guija o dos, tan grandes como garbanzos, y si con ella hiciere la plumada, dale de comer, y si no la quisiere hacer, déjale así para el otro día, sin comer ninguna cosa; mira si la hace la segunda noche, y si no la hiciere, dale el tártago sin otro detenimiento.

Muchos cazadores son por esta razón en gran culpa, puesto que no se preocupan de mirar las plumadas, si las hacen o no, y aún peor, que no dejan de darles de comer sobre las plumadas, y cuando hay dos o tres plumadas sobrepuestas en el buche del halcón, luego éste se aqueja de dolencia mortal. Tiene el halcón, en el buche, mal condesijo, aunque se sostiene y no muda el semblante, y esto sucede porque las plumadas no están aún podridas, o no han llegado aún a la tripa por donde va la materia del buche a las tripas.

Cuando las plumadas se pudren y llegan a la tripa sobredicha, enseguida el halcón no puede comer toda su vianda como solía, tiene mal semblante, hiédele la boca, y entonces, cuando vieres esto, mírale en el cuerpo el lugar donde anda el buche y hallarás aquel lugar duro y así puedes conocer aquella dolencia.

El remedio es éste:

Toma la manteca de vacas, cruda, y métesela en la boca, y si la manteca no fuese fresca, y fuese rancia, que huela como aceda, lávala tantas veces, que se le quite el mal olor, y dale tanta como una nuez, poniéndosela en la boca en dos o tres bocados, y aquel día no coma otra vianda. Al otro día le darás el tártago con más granos de los que los cazadores le suelen dar; dale de comer una pierna de pollo bien tierna; y al día siguiente toma miel bien dura, en terrón, y métele alguna por la boca, en manera que vaya al buche, y sea tanta la cuantía de la miel como la nuez, y cuando la expulsare y vieres que no hay materia de miel, sino que expulsa su materia propia como debe, toma un corazón de carnero, quítale la piel delgada que tiene, las venas, la grosura y durezas; hiéndelo, quítale los nervios y durezas que tiene dentro; lávalo bien con muchas aguas, y cuando estuviere bien lavado, sécalo de aquella agua; toma zaragatona y moja aquella carne en ella y da de comer de ello al halcón, y después, al atardecer, dale de comer una pierna de pollo y verás defecar al halcón unos excrementos negros, como pez.

Mantén estas viandas, miel, zaragatona y piernas de pollo hasta que veas que va mejor, y esto sea tres días o cuatro, y pruébale el agua a menudo y así curará; en todo aquel año, hasta que mude, evita darle plumadas, porque los halcones que están así entecos, hacen muy mal sus plumadas en todo aquel año hasta que mudan. Pero si vieres que le son muy necesarias, dale plumada hecha de algodón o de estopa, así no podrá disolverla. Mas cuando el halcón está sano y le dan sus plumadas, no existe tan buena plumada como la de plumas y juntas, o de pie de ánade, o de liebre, quitadas las uñas, bien quebrantado, con las plumas y bañado en agua tibia.

## Capítulo XIX. Del halcón que tiene hinchado el buche

Causas:

Muchos cazadores piensan y creen que las aves no están bien alimentadas si no se hartan de vianda hasta que no quieren más, y algunos hasta les dan de comer dos veces al día; así que de este comer mucho a diario, hínchaseles el buche y las tripas de materia, y empáchanse dentro de tal manera que el halcón no tiene sabor de comer.

Síntomas:

A este respecto digo que le verás expulsar tulliduras gruesas, y allí donde ha de venir la materia negra entre la blanca, vienen unos cagadillos que parecen de ratones, y el halcón libra su vientre de tarde en tarde, y de este hinchamiento debes purgarlo de esta manera.

Recetas:

Toma el azúcar cande, méteselo en la boca quebrantado y menudo, para que mejor vaya al buche, y cuando vieres que expele el azúcar, tenlo siempre al Sol hasta que vuelva a hacer deposiciones de su materia propia como solía; pruébale el agua ese día en ayunas, y beba cuanta quisiere; después dale de comer, ese mismo día, un corazón de carnero con zaragatona, según dijimos en el capítulo XVIII (de las plumadas viejas) y en adelante harás nueve píldoras de acíbar cecotrí; el pático es bueno para el cuerpo, y el otro para la cabeza, por tanto de este acíbar pático, que he dicho, le harás las sobredichas nueve píldoras, hechas y dadas por el orden que se dijo y declaró en el capítulo XI, que habla del agua vidriada, y en cuanto le dieres estas píldoras y purgas al halcón, no le des de comer, salvo un miembro de polla al día, excepto si fuese halcón gerifalte o azor, que debe comer un tercio más, y otro tanto menos a las otras aves que son menores que estas sobredichas, y en adelante procura darle de comer a tu ave por regla, y antes es preferible que coma poco que mucho, porque del comer mucho les viene este y otros muchos males, y de comer con templanza nunca les puede venir daño y andan sanos.

## Capítulo XX. Del halcón que tiene lombrices

Causas:

Por falta de las purgas que no son hechas a los halcones cuando les cumplen, se engendran lombrices en el buche, y que esto es verdad lo demuestra el que a muchos cazadores acaeció, que cuando dan el tártago a sus halcones lanzan con ello las lombrices, aunque aún no estaban vivas, pero sí engendradas, ya que si fueran vivas, en aquel momento, no las mataría el tártago, sino que las mortificaría solo por algunos días. Y aún digo más: cuando los cazadores dan el tártago, echan los halcones por debajo la simiente de las lombrices, y digo simiente, porque son como granos bermejos pequeños, de los cuales se engendran aquéllas.

Síntomas:

Cuando nacen y están vivas, el halcón que las tiene mésase en el cuero, en las pospiernas y en el papo.

Pero muchas veces no hacen, ni muestran los halcones estas señales, aunque tienen lombrices; por ello tú mira a menudo los excrementos de tu halcón, y si las tiene vivas, luego verás algunas bermejas, como gusanillos, y si no están vivas no las echan, excepto con el apremiante del tártago, como dicho es.

Estas lombrices se pagan de viandas gruesa y dulce, por lo que se deben curar de esta manera:

Recetas:

Toma azafrán, métElo en un corazón de gallina y dáselo a comer; cuando entiendas que ya lo habrá triturado, toma simiente de hierba lombriguera y dásela en otro corazón, o en otra carne de gallina, tan grande que la hierba se pueda esconder en ella. Si no tuvieres esto, toma leche de cabras y mezcla con ella zumo de la raíz del condeso (al fin de este libro hallarás qué es el condeso), métElo en una tripa de gallina y dáselo por fuerza; le darás, también, píldoras de acíbar pático de la manera que dije en el capítulo XIX (del hinchamiento del buche), y que deben ser hechas como las de acíbar cecotrí, que mando en el capítulo XI (del agua vidriada).

Razonamiento de la mezcla de dulce y amargo.

Te preguntarás: ¿por qué, si dice el que hizo este libro que las lombrices se pagan de cosa dulce, se la manda dar, pues la leche es dulce, y el azafrán es dulce y huele bien? A ello respondo que es verdad, mas la razón del porqué, es ésta:

Cuando las aves comen estas cosas dulces, quieren comer más, y así, cuando viene otra cosa que amarga, cómenla deseando aquella dulcedumbre anterior; y las cosas que amargan, cualesquiera que sean, cuanto más amargan más rápidamente matan las lombrices, porque con el sabor que éstas toman, comiendo aquellas cosas dulces, remuévense, y la hierba lombriguera y las píldoras hállanlas movidas y así salen más ligeras. Por tanto, en adelante, nunca te retrases en purgar tu ave en los tiempos que le cumple.

Otra receta:

También es bueno tomar leche de cabra en una cosa limpia y ponerla sobre fuego sin humo. Cuando estuviere caliente, toma yemas de huevo, bátelas y échalas en la leche; muévelo continuamente con una cuchara hasta que se haya cuajado y se haya hecho como ungüento, un poco duro; retíralo, dáselo a comer (que no esté muy caliente), y al otro día dale la hierba lombriguera, y después dale las píldoras de acíbar pático, como dijimos.

## Capítulo XXI. Del halcón que tiene filandras o filomeras

Estas filandras o filomeras de que ahora habla este capítulo, es una dolencia de la cual pocos halcones curan, porque es muy grave de entender, y muchos halcones se pierden por ello, porque en el punto que ellas crecen, y son tan grandes como tienen que ser, luego comienzan a comer el cuerpo del halcón, conviene a saber los livianos, después el corazón, y el halcón pronto está muerto, pues casi nunca cura.

Pero si el cazador quisiere hacer lo que he dicho en los renglones postrimeros del capítulo del agua vidriada, allí donde dice que debía el cazador remirarse en su halcón, como la mujer en el espejo, podría ser que viera estas señales que se siguen.

Señales:

Digo que cuando estas filandras se engendran en el cuerpo del halcón, debes saber que va muy a menudo con el pico a los costados, alrededor de las ancas y sacúdese muy frecuentemente. Cuando se sacude, aprieta con las manos y estremécese, y debes saber que entonces las está engendrando y puedes socorrerle así:

Receta:

Toma píldoras de acíbar pático, hechas como las de acíbar cecotrí, según dice el capítulo XI, del agua vidriada; que sean nueve píldoras dadas en tres días de la manera que hemos dicho en los otros capítulos, y cuando se las metieres por la boca y vieres que las quiere arrojar, trábale el pico lo más que pudieres para que no las arroje, de manera que quede el olor de ellas en el buche del halcón, y para estas lombrices o filandras, o filomeras, no hay otro remedio.

Los halcones pollos están en mayor peligro de estas filomeras hasta que han mudado, y especialmente en la muda, al caérseles las tijeras, y desde aquí, hasta que desaínan, y por tanto aprecian más los cazadores de Francia y Alemania, los halcones mudados, porque están más libres de esta dolencia.

Preventivo:

Sin embargo, oí decir al Vizconde de Illa, que es un gran señor en el reino de Aragón, y es muy cazador y sabedor de los cuidados y dolencias de las aves, que nada en el mundo guarda más al halcón de criar filandras, que hacerle beber, frecuentemente, sangre de gallina. Cuando tu halcón estuviere sano, acostumbra a darle a degollar algunas veces, aunque solo sea tres días a la semana, una gallina en el señuelo, como dijimos en las reglas del neblí en el capítulo VIII. También le darás las píldoras de acíbar pático, como hemos dicho, cada cierto tiempo, señaladamente al pollo.

## Capítulo XXII. Del halcón que tiene piedra

Causas:

Los halcones que a menudo suelen comer viandas gruesas y malas, engendran piedra, y se engendra en la tripa por donde el halcón defeca y se junta con el sieso. Esta es piedra hecha como la que traen los alfayates para señalar, que parece de yeso blanco, y cuando se ha engendrado lo sabrás de esta manera:

Síntomas:

Cuando vieres que el halcón defeca una vez y luego otra enseguida, y después de esto va con el pico al overo y se le ensucia, y además bate a menudo con la boca en la lúa, y unta las plumas del overo con suciedades, sábete que entonces tiene piedra.

Debes curarlo de esta guisa:

Recetas:

Toma la simiente del perejil, dásela a comer en carne o corazón de gallina, y está aparejada la materia; al otro día métele miel dura, en turrón, por la boca, hasta que vaya al vientre, cuantía de una nuez, en tres o cuatro pedazos, y tan pronto veas que la miel hace su obra, como ya dije en el capítulo XVIII (de las plumadas viejas), y que la ha expulsado toda, y el halcón vuelve a soltar la materia que suele, entonces dale un corazón de carnero con zaragatona, limpio como dije en dicho capítulo de las plumadas viejas, y después, en otros días siguientes, toma la mil sanda (al fin del libro hallarás qué hierba es), muélela y dale el polvo en la carne; también, la hierba llamada mirasolis, que son cañamones montesinos y tiénenlos los boticarios.

Si no pudieres hallar la mili sanda, toma la yerba que dicen capil veneris, llamada también culantro de pozo, seco y hecho polvo, y dáselo de esta guisa:

Si vieres que la piedra es tan grande que no la puede lanzar, para mientes en el halcón y verás que quiere defecar y no puede; entonces sabe que la tiene en lo bajo y no la puede lanzar. Derriba, pues, el halcón, lávale bien el sieso con agua tibia, apálpale en aquel lugar y, si la hallares, oprímesela mansamente como cuando se oprime la huronera al hurón, y así se la harás salir; luego, después, ese mismo día, le darás miel y corazón de carnero con zaragatona, según se ha dicho, y aunque otros cazadores dicen que hay otra piedra, no lo creas, porque el halcón no tiene otro lugar en qué engendrarla, ya que todas las criaturas que engendran piedra lo hacen en la vejiga, pero el halcón no tiene otra vejiga en que la engendre, sino la tripa susodicha.

## Capítulo XXIII. De la úlcera que se hace en la llaga del halcón

Muchos daños acaecen a las aves, por muchas y variadas maneras, ya por heridas de garzas, como de grullas, como de árboles por donde los halcones entran cuando vuelan y llegan a golpar, ya por otras maneras, y cuando se hieren y no son curados con diligencia como deben, las llagas vienen a ulcerarse y digo que esta dolencia siempre se llaga en las coyunturas de los huesos y nervios, y si vieres que la llaga tiene la úlcera sobrepuesta y no se quiere curar por medicinas que le hagan, entonces a esta dolencia debes socorrer de esta forma:

Medicación:

Toma los hierros que se han dibujado en el agua vidriada, en su capítulo, caliéntalos bien, señaladamente en la parte de los botones, y pon los dichos hierros bien calientes en aquellos lugares donde está la úlcera engendrada, sutilmente; y si vieres que aquél tiene necesidad de verga de hierro porque la carne es excesiva y no se puede traspasar con los botones, toma otros hierros hechos por esta guisa que están aquí figurados para cortar la carne excesiva que dijimos; úsalos por la parte de lo agudo.

Después que fuere labrado aquel lugar, úntalo con aceite tres días, toma, además, una hierba que dicen incienso y hazla polvo finísimo, o un poco de cardenillo, y sabe que en aquel lugar se hará una postilla muy gruesa, y en cuanto veas que la postilla está bien madura, quítasela y échale aquel polvo dos veces cada día, según vieres que la postilla se quiere mover y así sanará.

## Capítulo XXIV. De la comezón que tiene el halcón en las plumas, por lo cual se las come y se las arranca

A las veces acaece que el halcón tiene comezón en los lugares en que nacen las plumas; esta comezón no es engendrada por otra cosa que por el pujamiento de la sangre, y esto parece ser buena razón, porque cuando los halcones están en el tiempo en que derriban las plumas y vienen las nuevas, todo su cuerpo está dolorido y metido en sangre nueva; y por fuerza conviene que todas las cosas engendradas, que de nuevo surgen, no tan solamente en las aves, más en las otras criaturas, todas producen esta comezón, por lo que a cada una de estas criaturas sucede que se refriega y rasca en alguna cosa.

En consecuencia, digo que esta comezón que viene así a los halcones es por dicha razón, y digo más, sucede que estas aves sobredichas van con el pico a aquel lugar y cuando aquella comezón es avivada, aprieta con el pico hasta que hacen salir sangre, y en adelante enciéndese más cada día esta comezón, de manera que las plumas del halcón perecen y van a mal. Y cada vez que la sangre se seca en aquel lugar y sobre las otras plumas, por la comezón que allí hay y el enojo que la sangre le hace, secándose este cuajo en las otras plumas, sucede que padecen las plumas en que no hay comezón; y como el ave no es criatura que tenga razón para poder guardarse por sí, ni poder hacerse sangrías, y como su cuerpo no está dispuesto de la manera que las otras criaturas que tienen aquella comezón, conviene buscar remedio para ello, y digo más: que si vieren que los halcones se quitasen las plumas viejas en el tiempo de invierno, cuando las aves no mudan, diría que las razones sobredichas no eran convenientes, ni razonables, ni verdaderas; mas no hacen esto, sino al tiempo de la muda, cuando la sangre puja y se desnuda el halcón de las plumas viejas y trae las nuevas.

A esta comezón debemos acudir de esta forma:

Toma el acíbar cecotrí, muélelo, amásalo con miel y ponlo en aquellas plumas donde se come el halcón; úntale bien, sin duelo, y tráelo a menudo en la mano; así lo podrás curar de esta dolencia; porque el acíbar, por su amargura, le hará aborrecer el ir con el pico a la pluma, y la miel se pone para que el acíbar se pegue con ella en las plumas, y el traerlo en la mano es por no darle vagar para que lo haga a menudo, y también, para hacer que esté siempre untado de aquella medicina en las plumas; y haz esto cada vez que vieres que aquella medicina se derrite en cualquier lugar, de forma que siempre tenga allí medicina.

## Capítulo XXV. Del halcón que se le cae la uña

Gran bondad y provecho vienen al cazador por ser sufrido con su ave por varias razones: la primera, porque el halcón no le tome miedo del rostro; la segunda, porque no le quebrante las plumas y por otros muchos daños que, a las veces, acaecen por ser el cazador sañudo.

Sucede que hay halcones caninos al comer, y cuando el cazador quiere desempulgar su ave, con el enojo que ésta toma, arráncasele la uña y eso mismo acaece cuando toma alguna presa y el cazador lo separa de ella sin cuidado, y por muchas otras razones acontece a veces este suceso. Si vieres que la uña quiere salir del dedo del halcón y están aún trabada en aquel lugar del cual no está del todo arrancada, derríbalo luego y córtale dicha uña con unas turquesas hasta que llegues a lo vivo. Toma suelda y sangre de drago y bolarménico y acíbar cecotrí, muélelo todo bien, échale de este polvo y átale la uña encima del dedo, y sea envuelta con un paño de lino muy delgado; huelgue por espacio de tres o cuatro días, y no sea lanzado hasta pasados nueve días.

Si la uña estuviere arrancada del todo, toma los dichos polvos y cúbrele bien el maslo; toma el más delgado cuero de baldés que hallares y cúbrele el maslo con él, y cóseselo allí hasta por encima de la cabeza del dedo, de guisa que no se le desate y en los seis días siguientes no dejes de ir a cazar con él.

Ten cuidado al desempulgar, no le hagas daño de forma que se desuelde lo soldado. También hay quien lo cubre, en lugar de baldés, con la pielecilla de una piel de ave, y se pega mejor.

## Capítulo XXVI. Del halcón que tiene clavos en los pies

A pesar de que todos los halcones tienen, a las veces, clavos en los pies, los gerifaltes son, de todos los halcones, los que más padecen esta dolencia y son más propicios a ella, porque son de su complexión muy calientes, muy pesados y cargados, y, por tanto, tienen esta dolencia de los clavos y se les hinchan los pies más que a todos los halcones de cualquier otro plumaje; los alfaneques son también muy propicios a esta dolencia, ya que son de su naturaleza calientes.

Cuando el halcón padece esta enfermedad tiene dolor en los pies y no suele hacer lo que debe por el gran dolor que tiene. Conviene, pues, poner el mejor remedio que pudiere haber, porque la cura de esta dolencia ha de ser muy sutil, por el lugar donde radica, que es en los pies, lugar nervioso, pobre de gobierno y peligroso porque todo el cuerpo se sostiene sobre los pies.

Estos clavos se forman por descendimiento de calor y hácense en las suelas de los pies postillas tan grandes como cabezas de clavos pequeños; por esto se llaman clavos.

Tan pronto aparecen estas postillas, se hinchan los pies y cuando así los vieres, toma las turquesas, del menester de los halconeros, y córtale todas las uñas, de guisa que arrojen sangre. Toma trementina, jabón francés y ceniza de sarmientos; la trementina será lo de más, y el jabón tanto como la mitad de la trementina, y la ceniza, bien cernida, tanto como la mitad del jabón. Échalo todo en una olla pequeña y nueva, hazlo hervir bien sobre brasas, muévelo constantemente con un palo de guisa que todo sea bien mezclado, y cuando vieres que está bien cocido, retíralo, de manera que no se queme, y déjalo enfriar totalmente hasta que se haga un ungüento recio como betún. Toma una paleta recia de hierro o de latón, coge de aquella medicina y ponía sobre un cuero de baldés delgado hecho de esta guisa:

Y entre estos cuatro ramales que tiene, sea puesto en un espacio un dedo del halcón, y así los otros dedos, entre dos ramales cada uno, y la medicina susodicha sea puesta delgada en el espacio en medio del cuero entre los cuatro ramales. Los ramales sean largos y sean ligados entre sí desta guisa: toma los ramales delanteros y lígalos tras el zanco, y los ramales zagueros delante contra la planta del pie, en cruz, y déjalo estar así tres días: al fin de ellos quítale el cuero sobredicho.

Para mientes si vieres que crece en derredor una postilla como sostra de bestia, tienta los clavos por si quisieren salir de raíz, y si vieres que se detienen y no se pueden arrancar, ponle la dicha medicina otros tres días, al cabo de los cuales saldrán los clavos, y cuando fueren salidos si vieres que queda dentro de aquella cueva de donde salió el clavo alguna carne podrida, ponle cardenillo molido y la sobredicha medicina otros tres días sobre el dicho cardenillo, ligada como se dijo anteriormente.

Quítese y límpiese a diario aquel ungüento, y sea puesto en el pie del halcón después que estuvieren los clavos fuera para limpiar la materia que hiciere la llaga que allí se hizo.

En cuanto vieres que aquella cueva es llena de carne nueva, ponle diaquilón que tienen los cirujanos, de la misma manera en otro cuero tal como el que arriba dijimos.

Una vez esté bien curado, toma aciche, casca de encina y escoria de zumaque, tanto de lo uno como de lo otro, y muélelo bien cada uno sobre sí, y cuando estuviere bien molido, ciérnelo bien, y échalo todo en una olla pequeña nueva, e hínchela de vinagre, el más fuerte que pudieres hallar; hazlo hervir todo bien, meciéndolo siempre, y después que fuere cocido, retíralo. Cuando ya estuviere tibio, toma un paño de lino tan grande que quepan los pies del halcón y mójalo en aquel caldo; pon el paño doblado en cuatro dobleces encima de una piedra redonda como alcándara, en que se pueda bien tener, o en la vara donde suele estar, porque si la piedra estuviere baja, no sosiega tan bien el halcón; y luego pon el halcón encima, de guisa que tenga los pies sobre aquel paño, y esto sea por espacio de medio día. Esto lo harás cada día hasta que veas que el cuero está bien firme en los pies del halcón.

En adelante tráelo en buena lúa, muelle y blanda, de cuero y no de paño, que es caliente; y sea de cuero blando, un poco gruesa, para que el calor de la mano no pase a los pies del halcón. Procura, cuando hiciere Sol, si sintieres que se le calientan los pies, ponerlo sobre una piedra fría, y la lúa bajo los pies, aunque esté en la alcándara, y en esta cura manténlo hasta que esté sano.

## Capítulo XXVII. Del halcón a quien se le hinchan los pies o le arden

Acaece a los halcones que se les hinchan los pies y les arden por diversas razones: la una, por las malas pihuelas, apretadas y de mal cuero; y el halcón está quejoso, lo que sucede por culpa del señor del halcón o de su halconero, si el señor se lo deja en su guarda, así como los del rey o de los grandes señores que tienen encargo cuidar y requerir sus aves. Si el halcón, por esta razón de las pihuelas, tiene los pies hinchados, quítaselas y ponle unas de lienzo; tájale las tiñas hasta que sangre, toma grasa de garza y albayalde blanco del que usan las mujeres, amasado todo en uno, y úntale los pies dos o tres veces al día; así curará.

Otra hinchazón viene a los pies del halcón en manera de gota. Cuando vieres que a tu halcón se le hinchan los pies, y no por causa de las malas pihuelas, hazle cortar las tiñas todas, a raíz del maslo, de guisa que salga sangre de todas ellas y luego toma un ungüento que llaman dialtea, y tienen los cirujanos, úntale con él los pies dos o tres veces al día y hazle buenas pihuelas de lienzo, según se ha dicho.

Si vieres que por encima de la hinchazón se levantan unos torondos tan grandes como garbanzos, no cures de ellos, porque se tornarán piedras y saldrán fuera a su término, ya que los podrás sacar con una lanceta, y éstos no molestan al halcón hasta que están maduros, haciéndole estas unturas de dialtea.

Si vieres que esta hinchazón no baja con estas cosas susodichas, y cada vez se hinchan más los pies del halcón, y se ponen brillantes, toma los hierros dibujados en el capítulo XI, que habla del agua vidriada, y métalos en el fuego por la parte de los botones, y cuando estuvieren bien calientes, dale entre los dedos sendos botones, y sea el botón tan grueso como un grano de pimienta; úntaselos durante nueve días con aceite tibio, y en adelante con un ungüento que llaman cetrino o amarillo, que tienen los cirujanos, y luego será sano.

Si vieres que no se le hinchan los pies, mas le arden, córtale las uñas de los pies, como se ha dicho, hasta que salga bastante sangre; úntale los pies con el meollo de la carrillada del tocino añejo cada día, o con enjundia de garza y albayalde, amasado todo junto, y luego curará.

## Capítulo XXVIII. Del halcón que se le quiebra la pierna

Por muchas guisas vienen a los halcones grandes ocasiones, y ningún hombre las podría creer no siendo cazador que lo hubiese hecho y visto, si oyese decir que un halcón mató de un golpe una garza, una liebre, o lavanco; pero esto acaece cada día, de manera que luego queda muerta, sin otro can, y eso mismo a la garza: muchos cazadores se la ven matar de un golpe, quebrantándole el pescuezo.

Muchas veces, por eso mismo, el halcón volando en la ribera, cuando vuela bajo, se topa y lisiase, quebrantándose ala o pierna; lo mismo puede ocurrirle por venir a golpar en seco a pequeñas aves, así como cercetas, y por tales valentías y ocasiones como éstas y golpes que los halcones dan en aquellas presas, sucédeles que ellos mismos se quiebran las piernas por las cujas o por los zancos.

Cuando esto acaece, los debes socorrer de esta guisa:

Toma incienso, almástiga, sangre de drago, y piedra sanguina, tanto de uno como de otro; muele bien cada uno por sí, ciérnelo y mézclalo con un poco de harina de trigo bien cernida, que no sea más que la cuarta parte de los polvos. Toma clara de huevo, bátela mucho hasta que la hagas toda espuma; luego toma los polvos sobredichos mezclados con la harina y amásalos con la clara del huevo. Derriba el halcón, y si la pierna estuviere quebrada por la cuja, trasquílale las plumas con unas tijeras muy agudas y toma cañas de carrizo y haz de ellas sus cañuelas bien hechas, que puedan sujetar bien la pierna; procura que en la llaga no quede pluma alguna escondida y úntale bien la pierna con aquel ungüento. Pónselo en manera de emplasto, cúbreselo encima de estopas de seda bien blandas y sin nudos; pon después otra tela de emplasto sobre las estopas, y luego las cañuelas sobre el emplasto, y pónselas en compás una de otra en derredor de la pierna.

Toma un paño largo de lino, tan ancho como fueren las cañas, envuélvelo muchas veces por encima de ellas, apriétalo de guisa que vieres que basta, y cuando fuere así ligado, cose el paño con buen hilo, de manera que no se desate; hecho esto, dale de comer la suelda en un corazón de gallina, tanto de suelda como un grano de garbanzo. Si no lo quisiere comer, méteselo en la boca.

La suelda, que es muy noble y preciosa para todas las quebrantaduras, se hace así: toma momia, que tienen los boticarios, pez, zaragatona, simiente de la hierba menudilla, que llaman suelda menor, simiente de mastuerzo y suelda raca.

Toma de momia la mayor parte, de suelda menudilla la cuarta parte, y de simiente de mastuerzo la octava parte; de zaragatona toma la cuarta parte, y de suelda raca, la octava parte, todo a respecto de la momia. Todas estas cosas sean molidas y cernidas cada una por sí, y después sean mezcladas y hechas uno. Haz un saquete pequeño de baldés y mete dentro aquellos polvos. Si hiciere Sol seco, pon el saquete al Sol y caliéntalo bien con las manos; si no hiciere Sol, métalo en tu seno cerca de la carne.

Se entiende que se hace todo esto con el fin de mezclar y ayuntar los polvos unos con otros.

Debéis todos aquellos que amáis los halcones traer la suelda con vosotros, porque es muy noble.

Cuando el halcón hubiere comido de esta suelda, ponlo en una tabla ancha y llana como mesa, con paja encima en que se pueda echar si quisiere; debe estar allí veintiún días, en los cuales le darás la suelda —cuantía de un garbanzo—, de tres en tres días, en un corazón de gallina.

En todos estos días no coma sino buena vianda, así como pollas y gallinas, o palominos, o tórtolas y esta carne picada en una tabla, de manera que no haga fuerza para apoyar con la pierna.

Al cabo de veintiún días, descósele la atadura y dale de comer en la mano, hasta que veas que tiene bastante fuerza. De día ponlo en la alcándara y de noche tórnalo a la tabla donde primero estaba, y mantén este gobierno hasta que lo veas restablecido, y así curará.

Si la pierna está quebrada por el zanco, lo curarás de la misma forma, salvo que le debes quitar la pihuela y el cascabel.

## Capítulo XXIX. Del halcón que se quiebra el ala

Según he dicho en el capítulo anterior en razón de por qué causa suceden los daños a las aves, digo que lo mismo acontece, a las veces, cuando algunos halcones toman diversas raleas, como garzotas, martinetes o garzas que son raleas que van a la tira y aun otras que los halcones hallan cuando están alejados de los halconeros, como cornejas, dorales y otras, y las toman entre puercos, bueyes y otras bestias.

Sucede que las bestias, cuando ven el halcón próximo y sin hombre, vienen a él y lo hieren; lo lisian estando envuelto con la presa que ha tomado y a las veces le quebrantan la pierna o el ala.

Cuando tal ocasión acaece al halcón, debes cuidar de él de esta forma:

Si se le quiebra el ala, trasquílale aquel lugar por dentro y por fuera con unas tijeras muy agudas, y no se las arranques. Después iguálale bien las plumas del ala quebrada y ponle el emplasto que arriba dije, en el capítulo que habla de la pierna quebrada, de la misma manera y con las cañuelas. Pero la atadura la harás así: toma un paño de lino delgado que haya sido lavado, para que sea más blanco; tan ancho como las cañas puestas al ala y que sea largo; átalo bien, cose después la atadura muy bien con hilo, y en cuanto esté cosido, toma otra vez la aguja y un hilo y cose el ala: ciérrasela como cuando el halcón está sano, llégasela bien al cuerpo. Cásele todos los cuchillos, pasándoselos con una aguja cuadrada por los cañones con un hilo que no se le pueda romper. Toma un paño de lino, envuélvele en él toda el ala así cerrada, cosida y cogida, como he dicho, y cose aquel paño de lino como viene cosido el halcón cuando lo traen de Flandes, que trae la mitad inferior del ala contra las puntas de las péñolas, envuelta en un paño de lino. Haz en el dicho paño de lino dos ramales: un ramal vaya por detrás del ala sana contra la cola, y el otro hacia la cabeza; júntense ambos bajo el ala sana, y cósanse bien allí y vayan por el pecho y cósanse, de nuevo, en el paño en que fuere envuelto el codillo del ave. Estos ramales deberán coserse ambos sobre las costillas hasta el hombro del ala sana y por el pecho hasta el ala llagada, de manera que no se pueda desatar el vendaje porque, os digo que esta otra atadura debe ser hecha muy firme; llama halconeros cuidadosos que te ayuden a hacer esta obra, y a un cirujano porque sabe disponer las vendas y poner el emplasto.

Darás al halcón de tres en tres días, la suelda que dije en el capítulo de la pierna quebrada.

El halcón que fuere así atado y cosido debe yacer un día todo encamisado para que se seque el emplasto. Cuando vieres que el emplasto está apretado y seco, desencamisa el halcón; ponlo en una tabla o mesa llana, en que se eche y esté como él quisiere; átalo por la lonja, para que no se vaya de allí, y no lo descosas hasta pasados veintiún días.

En el comer y demás cuidados, gobiérnalo según dijimos en el capítulo de la pierna quebrada; conviene y es forzado que huelgue hasta que venga la muda y recobre plumas, porque no tiene con qué volar, y aunque las tuviese, debe holgar hasta pasada la muda. Y no dudes que si hubiere buena diligencia en curarlo, sanará.

Yo vi un halcón baharí sardo, del rey don Pedro, que traía Ruy González de Illescas, comendador de Santiago, su halconero, que se le quebró el ala cayendo sobre una grulla, y después fue sano de ella, y vile después matar muchas grullas con tan gran maestría como antes las mataba.

## Capítulo XXX. Del halcón que se le quiebra el ojo

Según he dicho en otros capítulos antes de éste, muchas ocasiones suceden a los halcones, así como cuando son echados a garza y otras presas que los halcones usan matar; señaladamente, cuando los halcones garceros andan con la garza, o la traen a tierra, hiéreles la garza con el pico en el ojo y quiébraselo; si el halcón es perdiguero o lebrero, andando con la liebre o con la perdiz, topa en algún palo o espina de guisa que se le quiebra el ojo. En esta ocasión debes socorrerle de este modo:

Toma una hierba que llaman pimpinela, otros la llaman bursa pastoris y otros hierba golondrina; nace cabe las paredes y tiene una como bolsilla en lo alto así como está:

Májala y toma el zumo de ella bien colado; toma la tercia parte de miel y coral blanco molido y cernido. Tomarás este polvo, mezclado con el zumo de la hierba y con la miel, y derribarás el halcón. Toma una pluma hueca, hínchela de aquella medicina, y después soplando con la boca échasela y lánzasela en el ojo llagado, que le caiga dentro.

Échasela con una pluma de gallina, de manera que le caiga en el ojo, y ten el halcón derribado hasta que veas que todo el zumo es consumido; ponle luego el capirote de guisa que no lo pueda sacudir de la cabeza, y esté de tal manera guardado el halcón que no se rasque ni pueda llegar con la mano al capirote ni al ojo; y sea puesto en una cámara oscura.

Debes saber que, si la yema del ojo no estuviere herida, el halcón cobrará toda su vista, a pesar de que cuando ves la herida parece que todo el ojo está vacío, y torna el ojo después a ser tan hermoso como si nunca hubiese sido herido. Si la lumbre del ojo fuere herida nunca cobrará la vista, mas cobrará la hermosura, de tal manera que pocos hombres conozcan si el halcón es ciego del ojo o no.

Esta cura debes hacer dos veces al día hasta que veas que el ojo ha vuelto a su hermosura, y si le quedare nube o paño, échale polvos de coral blanco bien cernido y así curará.

## Capítulo XXXI. Del halcón que tiene hidropesía o hinchazón en el vientre

Tienen una dolencia los halcones que es llamada hidropesía y se engendra en el vientre. Padecen mucho de esta dolencia señaladamente los gerifaltes que son aves muy pesadas, muy ahogadizas, antojadizas y quejosas por naturaleza.

Sucede especialmente cuando dejan a cualquier halcón en la alcándara y debate mucho, o en la muda, si no está bien tratada y el halcón se espanta y debate. Con la gran queja sucede, a las veces, que se corrompen en el cuerpo de tal manera que se les hace en el vientre una vejiga y se les hinche de agua que se les mete en el buche, los hígados y las tripas, y caliéntase de tal manera que el buche, las tripas y el hígado cuecen tanto que el halcón viene a morir.

Tú debes conocer esta dolencia de la siguiente manera:

Sabe que cuando el halcón tiene esta dolencia, enflaquece y no por eso deja de comer; hínchasele el vientre que parece que trae un gran huevo; tiene las cujas de las piernas como gastadas y secas, no puede volar y cuando defeca hace malas tulliduras, desvariadas y feas.

Esta dolencia es mortal, pero debes cuidarte de ella y no desamparar tu halcón; el remedio para esta dolencia es éste:

Derriba el halcón que tuviere esta dolencia, átale bien los pies con la lonja, échalo de espaldas y trasquílale todo el vientre sin llegar al pecho, con unas tijeras muy agudas. En cuanto lo hubieres trasquilado toma una lanceta muy aguda y ábrele el vientre a lo largo; cuida que tajes el cuero, pero no llegues a las tripas; comiénzalo en el pico del pecho donde acaba el overo, y la abertura sea tan grande que sea preciso darle tres puntos, y entre punto y punto haya espacio de medio dedo, y en cuanto fuere hendido vuelve al halcón el vientre hacia abajo y las espaldas arriba y saldrá aquella agua.

Cuando veas que el agua está fuera, vuelve el vientre del halcón arriba, cóselo y dale aquellos tres puntos; llama cirujano que lo haga, porque tiene conocimiento y uso de ello, y mata una gallina y echa su sangre por encima de la costura.

La razón porque se hace esto de la sangre es la siguiente: porque conviene que el lugar donde ha de haber soldadura de fuera, haya sangre; para que la suelda pegue mejor y porque aquel lugar no es tal que haga sangre de suyo; por tanto, es menester ponerle aquella sangre de gallina.

Una vez puesta la sangre de gallina sobre aquellos puntos, échale la suelda por encima de la sangre, y esta suelda sea hecha como dije en el capítulo XXV, que habla de cuando el halcón pierde la uña, y después toma la otra suelda preciosa que dije que era buena para el cuerpo en el capítulo XXVIII (del halcón que se le quiebra la pierna), y dale de ella un grano tan grande como un garbanzo, en un corazón de gallina, de la manera que arriba he dicho, y si no lo quiere comer, méteselo en la boca.

Todo ese día permanezca el halcón envuelto en un paño de lino, encamisado sobre un cabezal, vientre abajo, y a la noche antes que lo descamises dale de comer media pierna de gallina picada, que sea quitado de ella el escudete y lo duro, y si no lo quisiere comer méteselo por fuerza.

En los nueve días siguientes dale de comer la suelda en un corazón de gallina, cuantía de un garbanzo cada tres días, de manera que coma una suelda tres o cuatro veces.

Hecho todo esto, desenvuélvelo de aquel paño y ponlo en una buena alcándara con un paño de lana de color envuelto en derredor de la alcándara, y si no quisiere estar tranquilo en la alcándara, ponle en una tabla llana, y pon un paño de lana blanco encima de la tabla pegado con clavos, para que esté caliente, y la casa sea bien caliente, sin viento y sin humo. Al otro día toma la alosna, que es incienso amargo, cuécelo en vino blanco, en una olla pequeña y lávale bien cada día en aquella agua y dale a comer la suelda que dice en el capítulo XXVIII de tres en tres días, y no lo saques fuera de casa hasta los nueve días ni le des la carne que hubiere de comer, salvo picada, caliente y buena; ya en adelante, cómala entera por su pico y no le des plumadas.

Recuerda que si este socorro se hiciere a esta dolencia, antes que el hígado y el bofe sean escalfados, el halcón sanará, mas si el halcón tuviere ya el hígado y el bofe escalfados, está en duda si curará o no, y por tanto es menester que el cazador sea avisado en ver si su halcón adolece según las señales de las dolencias; socorre enseguida a tu halcón, antes que la dolencia sea vieja y no aprovechen las medicinas.

Esta hinchazón que ocurre entre el cuero y la carne, de que habla este capítulo, acaece así: cuando algunos halcones son lanzados a aquellas presas que a menudo suelen, como a liebre, o a grulla, o a perdiz, algún can traba del halcón y rómpele el cuero; o puede ser que en la caída con la garza o con la grulla, rómpese el cuero, o bien puede ser que la garza o la grulla lo hiera. Así que por aquel lugar que es así roto el cuero, hinchase todo el halcón o parte de él de viento, y parece muy feo, y a quien esto no vio parécele cosa extraña y espántase de ello cuando es una cosa muy ligera de curar; cúrase así:

Si vieres que no tiene otra llaga, salvo aquel cuero que tiene así hinchado y levantado, toma una lanceta muy aguda y rómpele los lugares donde el viento así está, y luego saldrá todo el viento.

Toma la alosna, que es incienso amargo, con vino blanco, cuécelo junto, caldéale bien aquellos lugares que vieres que tienen la hinchazón y tenlo en lugar caliente y sin viento; caldéaselos así algunos días hasta que veas que desaparece un color malo de que el cuero está así señalado y luego será sano.

## Capítulo XXXII. Del halcón que devuelve y tiene el papo y tripas frías

Por muchas cosas entra la frialdad en el papo del halcón, en el buche y en las tripas; lo uno por el tiempo frío y de gran invierno, o por no comer y dormir ayuno, lo cual debe guardar todo cazador, que su halcón duerma siempre con alguna cosa en el papo, viandas o plumada; también se resfría el halcón por comer mala vianda y fría, señaladamente en el invierno; y aun por cazar con él en tiempo lluvioso y venir el halcón mojado y no secarse al Sol o al fuego sin humo y de lejos. Por tanto, si el halcón viene muy mojado y no hay Sol para enjugarse, haz traer a la cámara brasas sin humo, y dándole a tirar y roer cerca del aire del fuego se irá enjugando. Después ponlo en buena casa caliente y que tenga toda la noche candela ardiendo, para que piense de sí, y al día siguiente no le hagas volar en busca de presa hasta que se enjugue al Sol.

Por cada una de estas cosas que hemos dicho viene al halcón gran enfermedad, de la cual el halcón perece muy pronto si no es socorrido.

Además es muy malo de curar, porque se resfría totalmente y desordénasele todo el cuerpo; conocerás esta dolencia de esta forma:

Cuando el halcón vomita a menudo y no retiene las cosas que toma, aunque tiene hambre y buen semblante hasta que decae su carne y entonces entristece, procura que antes que así entristezca le socorras, porque si no lo haces tan pronto como comienza a vomitar, cuando le quisieres socorrer no le aprovechará. La razón es ésta:

El buche y el papo están ya encogidos y no quieren recibir cosa en sí, ni vianda alguna; en consecuencia te digo que le socorras antes pronto que tarde, y debes hacerlo de esta guisa:

Toma palominos nuevos, yeguados (si palominos no pudieres haber, toma palomas cualquiera, que palominos tendrás de palomas, o de los que crían en casa domesticados); ahógalos de manera que se cuaje la sangre dentro de ellos, o destílala de guisa que caiga limpia en una escudilla, y luego que la sangre cuajare, dásela a comer al halcón y si vieres que lo retiene dáselo así tres veces al día, fresco y cuajado; que no coma otra vianda. Al día siguiente mata un palomino, dale la sangre cuajada como se ha dicho y una tetilla de palomino, sin pluma y sin hueso; en adelante dale buenas viandas poco a poco, y a menudo gallina, o palomino, o tórtola, o cerceta, o negreta, lo mejor que pudieres. Pero si vieres que estas cosas no las retiene y vomita, haz estos polvos que aquí dice, que son muy buenos y todo cazador los debe siempre traer consigo.

Toma nuez de la India, nuez moscada, mirra, clavos de giroflé, canela, flor de canela, macis, almástiga, incienso y azúcar blanca; pisa y muele cada cosa de éstas por sí, y cuando estuvieren bien molidas y mezcladas en uno (el azúcar blanco sea lo postrimero y de cada cosa tanto de lo uno como de lo otro por peso), toma estos polvos y dáselos a comer en un corazón de gallina. Séale dada al halcón tanta cuantía como dos granos de garbanzos, y cada día rocíale el rostro y la cabeza con buen vino blanco. Hártale de Sol, y cuando así estuviere doliente, no le des a probar el agua, salvo si vieres que está ya bien esforzado.

Guárdate que en todo este tiempo no le hagas ninguna prueba, sino gobiérnalo de la manera susodicha. Al cabo de diez y ocho días, dale una alina de cabra caliente, o de carne de la pospierna de una liebre, que sea caliente. Esto se hará por remondar las tripas y el buche de la horrura de los palominos. Y así curará.

## Capítulo XXXIII. De los halcones que son heridos por aves

Hermosa maravilla, y además gran bondad, es que un ave tan pequeña como es un halcón, trabe de una grulla, que es ave tan grande y tan brava que cuando un hombre la toma en un lazo no osa llegar a ella, temiendo el golpe que de ella recela haber; y pues el halcón es loado por tomar tales aves, mucho mayor loor debe tener el cazador que por arte sutil pone al halcón en condiciones de atreverse a ello y de llegar a tener tan esforzado corazón. Porque el halcón, desde que nació, nunca tomó sino pequeñas presas, como palomas, cornejas, ánades, cercetas y otras aves semejantes; y el cazador hácele dejar aquellas presas y codiciar otras aves muy grandes, como grullas, garzas, ánsares bravas, cisnes, avutardas y otras que están fuera de su naturaleza, pues nunca vio nadie al halcón bravo matar tales piezas.

Por matar tan grandes piezas, sucédenles grandes ocasiones de recibir heridas, así como cuando la garza hiere con el pico, y la grulla con la uña del pie, lanzándole coz, y así de muchas maneras son heridos los halcones.

Cuando vieres herido tu halcón, le socorrerás de esta guisa:

Toma unas tijeras muy agudas y trasquílale aquel lugar donde tiene la herida, y si es larga que puedan ser dados puntos, toma una aguja de pellejero muy sutil y un hilo de sirgo retorcido y cásesela. Cose la carne y el cuero todo en uno, y los puntos que fueren dados, cada punto sea cosido sobre sí, y ligado también sobre sí. Toma la suelda que dije en el capítulo XXV (cuando se le cae la uña al halcón), y échasela encima de la herida sobre los puntos. Al otro día toma alosna, que es incienso amargo, y cuécelo en una olla pequeña, nueva, con vino blanco y lávale la herida hasta que veas el cuero, que estaba verde, ha tornado al color de cuando estaba sano.

Con una pluma de gallina, cuidadosamente, sondea la herida, y si la herida profundizare dentro del cuerpo, rómpele el cuero a lo largo, de forma que no le rompas la carne, debes hacerlo porque cuando la herida del halcón es honda no se puede limpiar del lijo y, además, métensele las plumas dentro, y el mal que ha de salir, éntrasele y tórnasele adentro. Esta rompedura que hay que hacer no se cosa, mas lávese con vino y con alosna, de la manera que he dicho. Si no fuere honda, no te preocupes de ella, pero ponle la suelda que está ordenada en el capítulo XXV, y lávala con vino y alosna hasta que sane la herida.

Si la herida es pequeña, que no ha menester ser cosida, lávasela con vino y alosna cocida y échale la suelda, que luego sanará. Míralo una vez cada dos días, y cada vez que lo lavares no le pongas los polvos de la suelda, sino lávalo con aquel vino hasta que tenga buen color la llaga.

## Capítulo XXXIV. De la herida del halcón

Gran bien es y gran bondad para el cazador hacer buena alcándara a su halcón, bien fuerte, bien liada, gruesa y limpia, que gallinas ni otras aves hayan estado en ella. Porque ejemplo y consejo es para el cazador, desde antiguo, que tan firme, tan bien hecha y tan buena debe hacer la alcándara para su halcón para una noche como para un año; esto es por los muchos daños que pueden acontecer a los halcones en alcándaras que no son firmes y esto es cierto, pues ya sucedió a muchos halconeros cuidar poco de ello, por lo que ocurre que sus halcones se les mueren, se les quebrantan las piernas o las alas y se lisiaron por caer la alcándara con ellos.

También se lisian algunos halcones por topadura, chocando en la ribera un halcón con otro, lo que acaeció muchas veces; o venir el halcón en pos de alguna ralea y, venciendo, la topa el halcón en tierra o en un árbol, de lo cual hay grandes ocasiones, volando por las riberas y lugares donde hay árboles.

Cuando sintieres que el halcón está dañado de tales heridas, como éstas, harás así:

Toma la suelda que dije en el capítulo XXVIII (de la pierna quebrada), que se hace con la momia, y dale a comer de ella nueve días, según está allí ordenado, de tres en tres días hasta que sea sano. Sean, pues, nueve días dándole aquellos polvos con pierna de gallina tierna, cada vez la cuantía de dos garbanzos, en un corazón de gallina.

Si vieres que aquella caída o topadura hace hinchazón en algún lugar y tuviere sangre acumulada bajo el cuero, rómpele éste y se aventará aquella sangre. A esta rompedura no le eches ninguna suelda, pues no se hace sino para que aquella sangre quebrantada salga de allí, lávale con vino blanco y alosna, que es incienso amargo.

Si de la dicha caída o topadura no se acumulase sangre, salvo que se pone aquel lugar negro, lávaselo con vino y alosna, como dicho es, y debes ponerlo en la vara en cuanto estuviere maltrecho, y no le traigas en la mano.

## Capítulo XXXV. De la abatidura del halcón

De las caídas y abatiduras de la alcándara y de la mano del mal cazador, recibe el halcón gran quebranto, y de esto debe darse cuenta el cazador que lo trae en la mano, y lo puede ver y oír; cuando así lo observare, dele a comer, luego, la suelda que está ordenada para el cuerpo del halcón en el capítulo XXVIII (de la pierna quebrada).

Puedo afirmar que la abatidura o caída desde la alcándara es mucho peor que desde la mano, porque el halcón no es tan ligero en su debatir como el azor, y cuando se debate no puede tornarse a la vara, y se resiente de las piernas y cura muy tarde de ello.

En las batiduras que el halcón hace en la alcándara, obsérvale siempre la espuela del pecho, y mira si se le hace allí alguna postilla o llaga, y si vieres que hace postilla, ponle el ungüento cetrino (búscalo en casa de los cirujanos); otros le llaman ungüento amarillo, y luego sanará.

Para todas las otras abatiduras dale siempre, cada vez que entendieres que tu halcón se ha resentido o quebrantado, la suelda ordenada en el capítulo XXVIII, porque es muy preciosa medicina, y guárdate siempre de poner tu ave en lugar donde reciba estos daños.

## Capítulo XXXVI. Del halcón que tiene las tripas fuera

Algunas veces se le salen las tripas al halcón por golpes de garzas o por otras ocasiones.

Cuando vieres a tu halcón las tripas fuera, derríbalo sobre la parte sana, en manera que la llaga esté para arriba, y tórnale las tripas a su lugar, cose aquel lugar por donde salieron las tripas y echa allí la suelda que está ordenada en el capítulo XXV (de la uña del halcón), y si vieres que el cuero está junto con la carne, cáselo todo en uno y échale la suelda; y si el cuero está sobre sí y la carne también, cose cada uno por sí. Si lo hicieres delante de cirujano será mejor, porque tendrá buen tiento en el coser, y cuando estuviere cosido, ponle la suelda sobredicha.

También te digo que acaece algunas veces traer el halcón las tripas fuera, entre cuero y carne, así como verás algunos bueyes a los que otro buey da con el cuerno y le horada la ijada, y no le horada el cuero, y trae las tripas entre cuero y carne. Cuando tal dolencia vieres al halcón, socórrele de esta guisa:

Derríbalo, tórnale las tripas dentro del cuerpo por aquel agujero de donde salieron y verás entonces quedar el cuero en que estaban las tripas, flojo; apáñalo todo y átalo con un hilo, torcido bien a raíz de la carne, una vez que fuere bien apañado con la mano por encima; y el cuero que sobrase encima, córtalo por más arriba de la atadura con una navaja. Toma los hierros hechos por esta guisa:

y sean tan luengos como un jeme, para que cuando se calienten, los pueda uno tener; caliéntalos por el lugar donde son cuadrados, y han de ser estos hierros bien limados y cuadrados encima de los dados, bien escuadrados, y en las astas bien limados y bien redondos; caliéntalos bien en el lugar en que son cuadrados, ponlos dos o tres veces encima de aquel lugar do tajares el cuero, y sea tan grande un cuadrado como otro, y después lo que está debajo, donde están las letras a, a) por señal, ponlo encima del cuero cortado, de manera que se vaya encogiendo con el fuego; dale a comer la suelda que está ordenada en el capítulo XXVIII, por la guisa que está en el dicho capítulo ordenada, y procura que no se debata hasta que no esté sano.

## Capítulo XXXVII. Del halcón que tiene las quijadas torcidas

Hay cazadores que cuando quieren ir a algunos lugares a librar sus negocios, tienen por embargo llevar las aves en sus manos, y por ir más desembargados déjanlas en sus alcándaras.

Hay halcones que son quejosos, y como no quieren sosegar en la alcándara, les ponen el capirote, y para que no se les caiga, pónenle una contrapesa a la correa del capirote; cuando el halcón se rasca para derribar el capirote y no puede, va con el pico a los costados donde siente que anda la correa del capirote y quiere tirar de ella con el pico. Cuando así traba el halcón con el pico la correa, el contrapeso no se lo deja salir fuera de ella, y métesele la correa por la boca al través de las quijadas, y cuando el halcón quiere sacar el pico fuera, no puede, porque no le deja la correa, y con la fuerza de tirar, tuércensele las quijadas y sálensele de su lugar, de guisa que el halcón no puede cerrar la boca y tiénela desvariada y desviada.

Cuando tal desgracia como ésta vieres a tu halcón, derríbalo y métele dos dedos en la boca, aquéllos que vieres que mejor le caben o pueden caber, y un dedo sea de una mano y el otro de otra; entonces, con un dedo, tira por el cabo de un carrillar de la boca, y con el otro dedo, por el otro carrillar; sácale después los dedos y cierra la boca, luego déjasela abrir, y si vieres que abre la boca desvariada, entiende que las quijadas no están en su lugar, y de aquel cabo, que vieres que tiene tuerta la boca, métele uno de los dedos que vieres que mejor pueden entrar, tírale de la quijada hacia el cornijal de la boca donde la quijada está fuera, y así, hasta que veas que las palas de abajo están igualadas con el pico.

No le des de comer, salvo picada la vianda, y dale a comer la suelda que está ordenada en el capítulo XXVIII (de la pierna quebrada), y dásela en un corazón de gallina, de tres en tres días, durante nueve. Gobiérnalo así hasta que lo veas bien fortalecido, y que comienza a picotear por sí mismo, y entonces dale a comer su vianda como antes solía.

## Capítulo XXXVIII. Cómo debes hacer la muda a tu halcón

Los halcones baharís, sardos, mallorquines, de Romaña, tagarotes, son los halcones, entre todos los plumajes, que más pronto comienzan a mudar, y así salen más tempranos.

Yo vi un halcón del rey don Pedro, que llamaban Doncella, baharí de Romaña, garcero y altanero, en la primera semana del mes de agosto estar ya fuera de muda y desainado, y matar una garza.

Pero, comunalmente, los demás plumajes todos comienzan a mudar la primera semana del mes de junio, unos más temprano y otros más tarde, según acaece.

Conviene que hagas su muda en casa buena, donde no llegue humo ni mucho ruido, y digo esto por el halcón neblí, o gerifalte, o baharí, o sacre, pues el borní y el alfaneque mudan mejor donde ven los hombres. Haz que en la casa donde la muda hicieres no entre humo ni lumbre, pero sí una ventana que le abras cuando quieras, para que sosiegue el halcón.

Hazle la muda alta de la tierra, por la humedad, sobre maderos recios y tablas y embarrada. Ponle allí una piedra; ten siempre limpia la muda; tenga su arena y de noche un candil de aceite que arda toda la noche; y algunas veces ponle algunos céspedes verdes como en manera de prado, que tome placer con la verdura.

Dale de comer en la mano en cuanto él quisiere; señaladamente por las tardes, con la fría, tómalo en la mano y dale allí de comer, y siempre observa si está alegre, o qué semblante tiene, para que si hubiere menester de curarlo, que lo socorras.

## Capítulo XXXIX. De algunos halcones que no quieren mudar, y cómo harás para que tu halcón mude muy aprisa

Después que vieres que tu halcón comienza a perder las plumas, como corvas y cabo de cuchillos, tráelo en la mano y no lo pongas en muda hasta que pierda plumas de la cola; ponle carne y coma cuanto quisiere; dale buenas viandas, y cuando vieres que suelta las plumas de la cola, como sería peligroso si se debatiese y quebrase alguna pluma en sangre, ponlo en su muda.

Dale tórtolas bien cebadas y bien gordas, y palominos enjutos, señaladamente cuando ha de gobernar las plumas mayores, y cuando le dieres estas aves, pélalas vivas, y límpialas con un trapo áspero, para que no les quede piojo.

Hay algunas razones por las cuales los halcones tienen dificultad en la muda, y no quieren mudar: la primera razón es tener alguna enfermedad; la otra, por no entrar bien purgado en la muda; y la tercera, por saña que el halcón toma en la muda y no quiere sosegar.

Cuando es el embargo primero que dije, de no mudar por alguna enfermedad que tiene, a esta razón digo que lo saques de la muda, y fíjate en él, mira bien su semblante, y según las señales de la dolencia que en él vieres, cuídale según está ordenado en cada capítulo de este libro que habla de su dolencia, según la dolencia manda.

Si el halcón deja de mudar por la segunda razón que dijimos, que no entre bien purgado en la muda, de este embargo el cazador es el culpable, pues es cosa que debe tener en cuidado: purgar su halcón a la entrada de la muda, y a la salida; a esto digo que lo saques y lo hagas de la manera que he dicho y púrgalo.

Si el halcón deja de mudar por la tercera razón que dijimos, por saña y orgullo que toma y no quiere sosegar, le puedes socorrer ligeramente. Saca el halcón de la muda tres o cuatro días, de guisa que tenga buen hambre, tórnalo a la muda, tápale bien la casa, que sea bien oscura, dale poca vianda hasta que veas que se ha sosegado: entiéndase que no coma mucho, mas coma templadamente y con hambre.

Lo que deben hacer después, es darle buenas viandas, y algunas veces darle, en ocho días, una vez, ansarón o carnero bien caliente, de la pierna, para quitarle el hastío de las otras viandas que come cada día, y luego, al comienzo, dale tórtolas, que son muy buenas para poner el halcón en carne. Mas después que el halcón comienza a derribar las plumas mayores, son buenos los palominos, que son calientes, y ayúdanle a venir las plumas grandes, señaladamente los cuchillos mayores, que están en lugar de pequeño gobierno, que son las alas, y han menester ayuda, y los palominos enjutos y eguados es la mejor vianda que entonces le puedes dar. Es bueno mudarle las viandas para que no se hastíen. También es bueno darle las landres de los cabrones y cabras que les hallares en el pescuezo, en la garganta, y tras las orejas; dáselas tres veces en la semana, y hazle de ellas papo comunalmente, pero si el halcón se enoja de ellas, dale otra vianda, y en cuanto en aquella comenzare a comer, tórnale a dar las landres, y haz esto hasta que veas que derriba las plumas comunalmente. Toma también la nuez del garguero de la cabra o del cabrán, pícala bien menuda y dásela con las dichas landres.

Haz todo esto a los halcones que derriban perezosamente sus plumas, y síguele dando palominos enjutos y eguados, que les hacen vestir bien de hermosas plumas.

## Capítulo XL. Cómo harás después que tu halcón hubiere mudado

Después que vieres que tu halcón ha derribado todo lo grande y está ya en el cuchillo y tijera postrimeros, dale menos vianda, de manera que la coma con hambre, y vaya gastando lentamente el sain que tiene; y esto aprovecha, porque saldrá de la muda más seguro, tendrás menos trabajo con él, y menos peligro el halcón, porque cuando salen muy cerrados de carne es gran peligro si se debate y se le quebrase el sain, ya que nunca, en aquel afío, andaría como debe, ni lo podrías ordenar bien.

Cuando los cuchillos y tijeras hubiere derribado y apuntan las tijeras como dos dedos, sácalo de la muda durante la noche, y ande en la mano; madruga bien con él, dándole pollos pequeños ahogados en agua fría, para refrescar el halcón, y de estas viandas delgadas y frías hazle buen papo. Si hubiere fiesta, ponlo en una alcándara, en casa fría y oscura, que no entre allí quien le espante, y en cuanto fuere tarde, tómalo en la mano, y así haz de manera que vaya gastando el sain, y le quede buena carne.

Luego que fuere desainado, hazlo volar al señuelo, a la tira, y algún poco el recuesto arriba, porque no hay cosa en el mundo que más desaíne al halcón que volar a la tira y jamás se te olviden las plumas y juntas, cada tarde, mojadas en agua tibia, en cuanto comenzare a tener hambre, porque en cuanto estuviere cerrado no las querrá tomar.

**Capítulo XLI. De los azores**

Los azores crían en muchas partes, por todo el mundo; pero de los que conocemos, son los mejores los azores de Noruega, de Suecia y de aquellas comarcas donde dijimos que crían los neblís, gerifaltes y otros halcones. Los azores que allí se crían son muy grandes, hermosos y de gran esfuerzo; pero hay unos mucho mayores y mejores que otros, y porque luego lo digamos, sus proporciones deben ser tales como aquí diremos:

Debe tener gran pinta granada, la tetilla y el pecho grande, buena cuja, buen zanco, los dedos gruesos, el cuello delgado, la cabeza pequeña, el rostro muy grande y largo y las ventanas buenas.

Comúnmente, los azores de Noruega tienen estas figuras, o los más de ellos; y estos azores de Noruega tráenlos a Flandes, por las cuencas de Alemania, y entonces traen los gerifaltes, neblís y otras naves; de allí, de Flandes, llévanlos por todas las tierras, así como Francia, Italia, España y otras comarcas.

En todas aquellas tierras, salvo España, no cuidan de tomar perdices con el azor, sino presas gruesas, como grulla, garza, avutarda; pero toman con ellos faisanes, que vuelan como perdiz; y cuando toman presas gruesas, siempre llevan galgo y lo llevan para que ayude y el azor no trabaje mucho. Traen los azores capirotes, y, en verdad, no los tienen tan cuidados como en España hacen, ya que toman, algunas veces, con ellos, liebre y conejo, aunque en ello se dañan. Creo que los aventuran así porque hay muchos, y en España, como tienen pocas veces azores escogidos, aprécianlos mucho, guárdanlos, y no toman con ellos salvo perdices y garzas comúnmente; creen que es bueno tomar perdiz el azor, y está bien, porque le saca el vuelo, como la perdiz vuela largo trecho, y suponen que cuando el azor vuela una vez a lo largo, toma todas las otras presas más ligeramente, ya que el azor y cualquier ave de caza, por mayor trabajo tiene el volar que el trabar.

Los azores torzuelos de Noruega salen muy buenos perdigueros, y son más ligeros que las primas; pero los torzuelos son más melancólicos, y ambos, primas y torzuelos de Noruega, por su naturaleza, son muy espantadizos.

Otros azores se crían en Irlanda, que está en la Isla de Inglaterra; son más pequeños, muy blancos y salen muy buenos.

Otros se crían en Esclavonia, que está en Grecia, y son llamados esclavos y son buenos, pero no como los de Noruega.

Críanse, también, en Cerdeña, que es isla, y son llamados sardos; son pescozudos y cabezudos, toman bien ánade, cuerva y algunas perdices, pero no muy bien, porque luego se hacen regateros.

Asimismo, se crían azores en el ducado de Borgoña; son pequeños pero salen buenos.

En Castilla se crían azores en muchas comarcas, así como en Guipúzcoa, Álava, Vizcaya, Segura (que es de la orden de Santiago) y Algeciras. De ellos, los mejores que yo vi son los de Algeciras, pequeños y roqueces; los demás, comúnmente los torzuelos, son muy buenos perdigueros; y las primas son comunales. Cuando son pollos tiene un plumaje bermejo y el pico oscuro. No son bien empluinados, y son estrechos, pero algunos salen buenos, aunque son de malas costumbres.

Tómanse azores bravos en el tiempo que se toman las torcazas, y vienen con el paso de ellas; los mejores se toman en Castilla, en una villa frontera de Navarra que llaman Santa Cruz de Campezo, y son de otra pinta que los que ahora dijimos, bastante grandes y se parecen en el plumaje a los azores de Noruega, porque tienen el plumaje entre blanco y amarillo, la pinta gruesa, y salen muy buenos si son mudados de una muda en el aire. Valen más si tienen cazador paciente que los eduque poco a poco y sin violencia.

Los señores aprecian mucho los azores buenos, pues son muy hermosos y de buen donaire y toman ante ellos las presas; son buenos para tomar raleas traínas para educar halcones, como garzas, grullas y otras.

Los azores requieren ser muy bien traídos en la mano, ser alimentados de buenas viandas y tener una buena alcándara. Hártalo de Sol y de agua; no quieren estar en la alcándara entre mucha gente, sino en lugar apartado, que piensa mejor de sí.

Además en cuanto pudieres excusa de cazar, con tu azor, cuervo carnicero, que es mala presa, ni budalón porque se ensañan mucho y los escarmientan. Tampoco caces milano con él, del mediodía en adelante, porque ya están los milanos cebados y cuando los captura el azor vomitan lo que han comido, enojan al azor y en consecuencia éste aborrece tomar otras presas.

No tomes con él avutarda ni ánsar brava, porque los rompen y se vuelan con ellos.

Cuando hubieres de lanzar tu azor a garza, procura que halle la garza levantada, ya que si está posada y llega a ella la hiere muy mal. Nunca lo lances a liebre ni conejo; dale siempre a tirar y pelar. En la muda esté en buena casa de gran espacio y suelto; tenga dos alcándaras y un bacín de agua y coma en la mano.

## Capítulo XLII. De los gavilanes

Los gavilanes son aves de caza muy lindas, gentiles y de gran esfuerzo; en todas sus costumbres y proporciones parecen ser azores pequeños de Noruega, porque así como ellos tienen el plumaje y la pinta.

Los gavilanes se crían en muchas partes. Crían en los árboles y se dice que los crían en espino son más rubios que otros, pero esto no les viene del espino. Ocurre que todos los gavilanes rubios prefieren las grandes presas, por ello crían en árboles bajos, para llevar a los hijos más ligeramente la presa que toman; el espino es árbol bajo y espeso, por eso crían allí. Los gavilanes que crían en los valles de las montañas son mejores que los que crían en lo alto; todo esto es así por la razón que dijimos.

En España los mejores gavilanes, que yo sepa, y mayores y de mejor esfuerzo son los que crían en el Pedroche, que es en término de Córdoba. Son también buenos los gavilanes que se crían en Ibor, que está en términos de Guadalupe y Trujillo. De esto gavilanes, y de todos los otros son los mejores los que se toman rameros, que son criados más libremente por el padre y la madre. Oí decir que Ruy Páez de Biezma, un gran caballero de Galicia, viniendo de la guerra de los moros, y yendo para su tierra, pasó en el tiempo de los gavilanes nuevos, por el Pedroche, e hizo llevar de allí veinte gavilanes nuevos, primas y torzuelos, en sus alcahaces, y cuando llegó a su tierra hízolos echar en un monte suyo, y dicen que desde entonces acá hay allí, en aquella tierra y comarca, muy buenos gavilanes, mejores que primero había.

Los gavilanes quieren ser bien traídos y bien gobernados de buenas viandas, y requeridos solamente de agua; debe desplumar a menudo, y tener buena alcándara y buena casa sin humo, porque si humo o sereno les da, luego son perdidos. Toman presas muy buenas con que toma el hombre placer, como los perdigones en verano; después, en los meses de agosto y septiembre, las codornices, y en el invierno las cercetas con tambor, la picaza y la cigoñuela, y otras presas por todo el año.

Son aves que no pueden sufrir purgas, porque son muy delicadas, y, por tanto, su alimento para traerlos sanos es buena vianda y no darle grande papos, sino pocos y a menudo.

Son aves que, con el gran valor que tienen, toman algunas veces grandes presas, como cazar ánade y cuerva, trabar del milano y tomar el alcaraván;

por ello los llaman en latín nisus, que quiere decir esforzado, y en Francia y en otras partes lo llaman esparvel. Son los gavilanes más privilegiados que ninguna otra ave de caza, pues cualquier mercader que lleve halcones a vender pagará portazgo, mas si llevare un gavilán con ellos es franco; yo lo vi en Cañete, un lugar ribera del mar, que es del Vizconde de Illa, en el reino de Aragón. Vi llegar una barca que venía de Provenza, y venían diecisiete mercaderes que traían sacres de Romaña y Alemania, halcones boraís provenzales —ochenta piezas— y traían un gavilán con ellos y cuando llegaron al puerto murióseles el gavilán, y no llevaron de allí los halcones hasta que uno fue a Perpiñán, dio un halcón provenzal a un caballero, tomo de él un gavilán y tornó para allí, llevándose entonces sus halcones porque iban ya seguros de no pagar portadas.

Si en invierno lo quisieres pasar, dale buena casa caliente, piernas de gallina, pajarillos, hártalo de Sol, guárdalo de viento, de sereno y de humo; dale buena alcándara; ponle un paño de color bajo los pies, o un pellejo de liebre. No le des más carne que la que tiene pluma.

En todas sus proporciones procura que sea el gavilán enano y de buena carne, de buen rostro y buenas ventanas, gran mano y dedos largos. Los gavilanes rubios son más ardidos. No te pagues de gavilán que sea estrecho de hombros ni zancudo —de luengas piernas—. Dale buena pihuela, blanca y delicada, cascabeles pequeños de buen sonar, y si fuere zahareño, hay algunos que le ponen capirote, y anda más guardado, por lo cual tiene más recio el cuerpo y las piernas, ya que le impide abatir.

## Capítulo XLIII. De los esmerejones

Esmerejones son aves que parecen halcones en todo su aspecto, así como los gavilanes parecen azores. Hay en los esmerejones plumajes varios, como los hay en los halcones, porque de ellos hay gerifaltes, neblís, baharís, sacres y bornís, y se crían, según dicen, en Noruega y en aquellas partes donde se crían los neblí y las otras aves, y vienen con el paso de las aves, como vienen los neblís. Son aves muy ligeras y placenteras, vuelan y cazan bien la cogujada, la aloya y aún toman la perdiz.

Yo vi un esmerejón a don Felipe, hijo del rey de Francia, duque de Borgoña y conde de Flandes, que le confiara la duquesa de Bretaña: decíame que en aquel invierno que él lo había tenido, había tomado doscientas perdices, o más, y era sacre por su plumaje.

Quieren los esmerejones ser traídos en la mano, como el neblí, y no olvidarlos en la alcándara; quieren ser alimentados de buenas viandas y pequeños papos, pero son aves que rápidamente se pierden, porque son muy bulliciosos y de poco sosiego.

## Capítulo XLIV. De los alcotanes

Los alcotanes son mayores que los esmerejones; parecen algo halcones, se crían en Aragón y creo que en todas partes.

Los pollos sacados del nido no valen nada; tomados del aire es un muy hermoso vuelo, y cuantas menos mudas tiene es mejor.

Son mal acondicionados algunos de ellos, y es menester tener mucha paciencia.

Lo que vuelan es el zaboque puesto en el cielo; verdad es que no aciertan todas las veces. También vuelan la abubilla, y hanla de volar con la lonja, porque como tiene malas vueltas, encuéntranse con ella y embarázanla: muy pocas veces la matan. Suelen ser perdigueros; tienen poco sosiego, como los esmerejones.

## Capítulo XLV. Del paso de las aves

Muchas veces hemos dicho en este libro cómo los halcones neblíes y otros vienen con el paso de las aves a esta tierra: ahora queremos decir qué paso es éste de las aves de que hicimos mención.

Debéis saber que a todas las cosa que Nuestro Señor Dios crió dio su gobernamiento, y por ordenamiento de la naturaleza tienen su industria para vivir; en consecuencia dice el Profeta David en el salmo, alabando a Dios y a sus obras: el Señor da a las bestias mantenimiento a ellas perteneciente y también a los pollos de los cuervos que a Él claman.

Dicen los filósofos naturalistas que el cuervo, cuando ve los hijos salidos de sus huevos, cubiertos de pelo blanco, no los reconoce por sus hijos, porque los ve blancos, y no de su color; aborrécelos y no los quiere cebar ni dar de comer. Y en aquel tiempo que ellos están así desamparados de los padres, abren las bocas con hambre, dando voces, y allí péganseles mosquitos y hormigas, de que se mantienen. También se mantienen del rocío del cielo, abriendo la boca, hasta que van cobrando su pelo negro que tienen por naturaleza y los van conociendo el padre y la madre por hijos suyos y tornan a gobernarlos. Así provee Dios al hombre, animales, aves y a todas las otras cosas, según que en muchos lugares se podría poner en ejemplo.

Así las aves, por industria de la naturaleza, buscan su vida y su mantenimiento. Señaladamente las aves buscan su vida en la morada del invierno y del verano; porque las aves que crían en Noruega, así como neblís, sacres y bornís y otras aves, en el invierno, porque es muy frío, salen de allí —de Noruega— de aquella tierra muy fría, y vienen con otras aves a buscar tierra caliente, y vienen cazando aquellas aves que vienen en su compañía, y as! se derraman por muchas tierras, donde los capturan.

Otras aves hay que aunque son de tierra caliente buscan otras que lo sean aún mucho más, como las cigüeñas y sisones y otras muchas aves que crían en esta tierra de Europa que contiene a España y Francia y otras tierras. Cuando viene el invierno pasan allende el mar, al África, porque es más caliente y, luego, tórnanse. Yo vi por el estrecho de Marruecos, que está entre Tarifa y Ceuta, pasar las cigüeñas a fines de verano, que se tornaban para África; eran tantas que no podía el hombre contarlas, y duraban mucho tiempo en el cielo, tan grande era la manada que iba. Eso mismo ocurre con las garzas y otras aves y dicen que así lo hacen las codornices, porque muchas veces, con un viento, se hallan muchas, y luego que otro viento viene parten de allí y vanse, lo cual vieron muchos.

Yendo el rey don Pedro por el mar, teniendo guerra con el rey de Aragón, atravesando desde el cabo Martín a Ibiza, que es un travesía de doce leguas, vi que en la galera de un caballero que llamaban Orejón, bien a seis leguas de tierra, cayó una codorniz, no sé si iban otras, pero dicen que pasan el mar.

Vi también en el camino de la travesía de mar que se hace entre Bermeo, villa de Vizcaya, y la Rochela, que pueden ser ochenta leguas, poco más, yendo yo en una galera a media vía del mar, que podía ser a cuarenta leguas de tierra de cada parte, hallé garzas que llevaban aquella misma vía, y así andan buscando su camino y su paso las aves por naturaleza.

Los neblís siguen a estas aves y atraviesan todo el mundo. Yo tuve un halcón neblí, que era muy buen altanero, llamábase Poca ropa, y fue tomado en Plasencia. Díjome el redero que lo tomara, que le cayera en la red con unas palomas torcaces, tras las cuales venía, y decía que las palomas traían el papo lleno de la frutilla del haya que llaman ho, y aquella mañana la habían comido, y no hallamos que hubiere hayas hasta Villafranca de Montes de Oca, que estaba bien setenta leguas de allí; y por tanto, podéis entender la travesía que las aves hacen.

No hay duda que muchos halcones son tomados en las rocinas y en el campo de Santarem con el pelo blanco, con que nacieron, en la cabeza, y verás si han volado y atravesado desde tierra de Noruega aquí. También vi en tierras de Toledo, un año en que fueron tomadas muchas tórtolas en el mes de setiembre, que venían a posarse en los olivos, y matábanlas los ballesteros, que muchas de ellas traían incienso en el papo pegado, y decían que podía ser que vinieran de la tierra donde nace el incienso y que se posaban en los árboles donde ello era.

En tierra del Sultán de Babilonia hay una comarca a la cual suelen venir las grullas en tiempo cierto de paso; y dicen que pasan el mar, y cuando allí llegan vienen muy cansadas, en manera que no pueden volar sino muy flojo y bajo. El Sultán tiene sus atalayas en aquel tiempo por todas aquellas comarcas donde suelen venir, y va allá y lleva muchos gerifaltes; dicen que dura aquel paso quince días, hasta que las grullas están descansadas para partir allí para otra tierra; con aquellos gerifaltes toman muchas, y yo vi en París un mercader genovés, que decía que moraba y tenía su casa y mercaderías en Damasco, que es del dicho Sultán de Babilonia, y tenía en París entonces hombres de Alemania que llevaban gerifaltes para el Sultán: eran los que yo vi en cuatro que ellos llaman cajas, y que nosotros decimos acá varas, ochenta gerifaltes, que eran todos roqueces, y decíame que le había mandado ya otros tantos, y cuando allá llegaban, que tanto le daban y pagaban por el que moría en camino como por el que llegaba vivo. Y haría esto para que los mercaderes no dejasen de llevarle halcones porque desde Noruega y la alta Alemania, de donde los traían, a Damasco hay muy largo camino por tierra y por mar.

También vi, viniendo de la Rochela a España, bien a veinte leguas de tierra, venir a mi galera un cernícalo y muy muchos pajarillos pequeños; se posaban en el árbol de la vela y luego que alzaban o bajaban el mástil volaban un poco fuera de la galera sobre el mar y tornábanse a la galera, donde los cogían con las manos. Estos no sé si pasaban a otra tierra; decían algunos que muchas aves volaban por el mar, creyendo que es más estrecha, y cuando se cansan caen y piérdense en el mar, y si hallan algún navío vanse para él y posan allí. Lo cual se confirma por el cuervo que Noé envió, que por cuanto no halló donde posar, tornóse a posar en el arca.

Así como hemos dicho, de muchas maneras pasan las aves y atraviesan el mundo, y con ellas viene los halcones cebándose, y son, los más de ellos, pollos.

## Capítulo XLVI. De cómo se deben injerir las plumas quebradas

Aunque el injerir las péñolas del halcón y del azor todos los halconeros y cazadores comúnmente lo saben hacer, empero, puesto que en este libro hemos hablado de todas las cosas y curas que pertenecen a las aves de caza, pondremos aquí la manera y práctica cómo las plumas quebradas de las aves se deben injerir, para que las aves cobren todos sus vuelos enteros. Pues parece muy feo cuando el ave trae el ala mellada y menguada de sus plumas, y es gran daño para el ave: lo uno, no vuela tan bien, porque no recibe tan bien el viento en el ala aportillada como cuando la tiene cerrada y guarnecida de sus plumas; además, cuando una pluma se quiebra, las otras, que están a par de ella, perecen y van a mal, porque unas a otras se ayudan y se sostienen.

No hay honra del halconero ni del cazador en que su ave ande así y aparece mucho en ello su negligencia, o que guardó el ave mal, o que está se maltrató por su culpa, o que el cazador no pone en ello remedio cual cumple. Y en consecuencia debéis saber que por muchas causas se quiebran las péñolas a las aves. Unas veces al traerlas: cuando los mercaderes traen muchas aves, en varas, juntas y largo camino y no pueden así cuidar de tantas aves reunidas; además, no vienen en la mano, sino en aquellas gavias que les hacen y, por tanto, las aves, como vienen ciegas con los capirotes y tan juntas, marrótanse mucho. Otras veces se marrotan las aves y quiébransele muchas veces las plumas a causa de atacar gran presa, y volarse con ella por no poderla tener a su voluntad, así como cuando el azor toma avutarda, o ánsar brava; o el halcón neblí cuando toma por ralea o alguna otra presa. En fin, pierde y quiébransele algunas veces las plumas al ave por mengua, negligencia y poco saber del cazador, dejándolo en la alcándara olvidado: debátese y no le toman ni cuidan de ello; tuércensele las plumas y no procuran socorrerle y enderezárselas, y por ello vienen a quebrar, por lo que en adelante aquellas plumas quebradas vienen todavía a marrotar más hasta que se hienden y vienen a ser rotas y cortadas hasta lo vivo.

Si acaeciere que la pluma sea así quebrada y rota hasta lo vivo, no hay remedio para poderse injerir, y queda la tal péñola en la aventura de mudarla el ave, pues cuando llega a la muda no se puede ayudar del pico para trabar de ella y removerla, como hace con las otras; y si es al comienzo de cazar, no vuela el ave tanto como debe, y las otras plumas andan en peligro por ella.

El remedio que aquí se puede poner es éste:

Toma unas turquesas pequeñas que llaman tenazas, como aquéllas, necesarias a los halcones, con que les cortan las uñas y el pico; mas procura que no sean agudas ni corten; derriba tu halcón, cógelo y trábale de aquella pluma con las turquesas y sácasela. Y enseguida ponle en aquel agujero, por donde salió, un grano de cebada pelado, para que no se cierre; dale buenas viandas y excúsalo de trabajar hasta que venga la pluma nueva. Esto en las plumas mayores, que están en lugar que es pobre de gobierno si no le ayudas con buenas viandas que le des.

Pero si la pluma es quebrada de manera que se rompió todo lo macizo y un poco del cañón, entonces tomarás otra pluma igual, de otra ave, como la has menester para allí: si cuchillo, cuchillo; si tijera, tijera. Procura mucho que sea del plumaje de tu ave, pues no debes injerir al gerifalte pluma de neblí, ni al neblí de gerifalte, porque no se haría bien, mas a cada ave buscar pluma semejante; si es pollo cuida que la pluma que has de injerir sea polla, y si mudado, sea mudada. Entonces toma el cuchillo que hace falta e iguálalo con la pluma quebrada donde se ha de injerir, y conciértalo bien con ella, y sea del mismo ala: si es izquierda, sea del ala izquierda; si derecha, sea del ala derecha; y de aquel mismo número; si es cuchillo primero o segundo y así en adelante. Toma la pluma, córtala por el cañón, de manera que cuando entrare por el otro cañón llegue hasta cerca de lo vivo, mas no llegue a ello, porque no le duela; hiende la péñola que traes de fuera por el cañón a lo largo, sácale aquel meollo que trae dentro, ponle un poco de trementina y, entonces, métela por el cañón del ave según he dicho.

Por cuanto, como he dicho, el cañón quedó corto, y la pluma que injieres no toma tan gran asentamiento que pueda estar firme si el ave revolase con una presa, o se debatiese, y luego la perdería, para que esté firme, horada con una lezna muy delgada, como si fuera para huso, aquellos dos cañones que están juntos en dos lugares en esta guisa:

y por aquellos dos agujeros mete sendas plumas de perdiz, de las que traen en las alas, y corta la cola, porque son correosas y no se rompen; mételas primero por la parte del flojel que tienen y cuando las metieres hasta que atiesten, córtaselas de cada extremo a raíz del cañón con un cañivete muy agudo.

Si la pluma fuere quebrada entre el cañón y lo macizo, de manera que todo el cañón queda entero, entonces tomarás la pluma que traes para poner, haz de ella como hemos dicho y úntala con la trementina, metiéndola por el otro cañón del ave, de manera que se incorpore bien una en otra, y tal como está no ha menester tarugos porque ella entra tanto por el cañón del ave, que estará bastante firme. Procura cuando metieres estas plumas por otras, que el cañón de las plumas que traes entre retorcido y encogido para que no hagas reventar la del ave, ya que, después que dentro estuviere allá, se soltará y henchirá todo el cañón, y, por tanto, hiéndela; lo primero para que tome mejor la trementina y lo segundo porque la aprieta uno.

Finalmente, si la péñola o pluma está quebrada por lo macizo, por cualquier lugar que sea, o por el más delgado o por el más grueso, taja lo que estuviere marrotado, toma la pluma que traes y conciértalas de guisa que vengan ni más ni menos de lo que han menester; taja las dos, tanto la del ave como la que traes, sosquinadas por esta guisa, para que se unan mejor:

y de manera que no les cortes las plumas menudillas de ninguna de ambas plumas, cerca del lugar donde han de ser juntadas, pues parecerían feas y no se encubriría bien la injeridura. Haz aquella cortadura de las plumas con cañivete bien agudo y moja las dos en lugar donde se han de injerir con agua tibia, para que enternezcan, y después toma la aguja de injerir que sea hecha así:

y estas agujas han de ser bien delgadas y unas más gruesas que otras, y algunas pequeñas, según cada una de las plumas que se han de injerir requiere, y son todas de tres esquinas de cabo a cabo de las puntas hasta el medio, y tengan sus esquinillas levantadas al revés las unas de las otras, para que entre la pluma y después no pueda salir.

Los picos de las agujas no sean muy gruesos, y así te digo que pocas veces las halla uno como le cumple, por tanto, donde las encuentres tómalas y guárdalas bien, y estén bien hechas; las esquinas no sean muy largas, y tan grandes y tan gruesas como pertenezca al lugar donde han de estar, de manera que no reviente la pluma.

Con la aguja mojada en agua y sal, para que orinezca, junta las plumas una con otra, y haz que entre la aguja tanto en una pluma como en la otra, y se vengan a juntar en medio de la aguja.

En todas estas cosas para mientes de hacerlos bien, con buen tiento, que no injieras torcido ni fuera de medida; si lo hicieres bien, pocos divisarán que la pluma está injerida. Para esto anda siempre apercibido de buenas agujas, mayores y menores, delgadas y gruesas, y de plumas, cuchillos y tijeras, que las traigas contigo cuando anduvieres, en el invierno, de caza, para que si menester fuere, pongas luego remedio.

Además de estas ocasiones que vienen de quebrarse las péñolas, siempre debes mirar y regir tu halcón cuando alguna se tuerce; si vieres que no tiene rotura en ella sino torcedura, toma agua caliente, poco más que tibia, moja la pluma, y cuando vieres que enternece ve enderezándosela cuidadosamente con los dedos, y después el ave misma la ha de enderezar con el pico. Si por ventura hubiere en ella livor, que quiere decir quebrantadura, pero que no está partida, toma entonces un tronco de berza de col, o la hoja penca, y si es gruesa ponla en el rescoldo, y tan pronto estuviere caliente, sácala y ábrela; coloca entre ella aquella quebradura de la pluma, y tenla allí un tiempo hasta que suelde, que allí luego soldará.

**Capítulo XLVII. De cuáles cosas y medicinas debe andar apercibido el cazador y traer consigo para sus aves**

Todo cazador debe ser muy cuidadoso de sus aves, pues, ya que lo toma para tener placer, y hace gran costa en buscar y comprar nobles halcones, debe, igualmente, traerlos bien guarnecidos y cuidados. Para esto debe andar bien apercibido de traer buenos capirotes, bien hechos, y de todas guisas, grandes y menores, así para gerifaltes como para neblís, azores y otros halcones, porque cada ave tiene la cabeza según su talla, y necesita capirote de su proporción; debe el cazador traer cuero bueno para hacerlos, y el mejor cuero que en el mundo hay para ello son buenos cueros de becerros que traen de Francia, y llaman cueros de abadía; llámanlos así, porque dicen que los monjes de las abadías los adoban para sus zapatos y sus botas.

Debe traer, también, el cazador, muchas pihuelas y señuelos livianos, lúas, lonjas, tambor, cascabeles de Milán doblados, grandes, menores y pequeños; tornillos para azores y gavilanes, herramental necesario a los halcones, en que hay turquesas, buen cañivete, punzón para coser, señuelo, cuchillo para tajar los capirotes y pihuelas, hierros para labrar, según arriba están figurados, lima para adobar las hormas de los capirotes, cada una de su guisa, cordeles para señolear; cada halconero debe traer sus cañivetes muy grandes para aparejar la vianda de su halcón y hacer juntas y plumadas.

También debe traer sus pequeñas liniaveras de lienzo, bien hechas para traer al costado, donde pueda meter, esconder y cobrar el ánade o la ralea que el halcón tomare, para que no la vea, y donde traiga la comida para su halcón, sus roederos, el capirote de sobra y los cascabeles, por si quiere cargar o descargar su halcón. Debe traer una liniavera grande, donde traiga sus gallinas muertas, plumas y roederos, y sus viandas para cuando ha de dar de comer a sus halcones.

También debe traer unas que llaman cajetas, que se hacen de barba de ballena, con esta forma:

o las que hacen de madera y son para traer gallina viva, que no se ahogue, para con ella socorrer a su halcón, si viere que no lo puede coger y que no trae la presa que le echen, y lo ve ir a perderse por miedo del águila.

También debe andar apercibido el cazador de traer consigo medicinas para sus aves, las cuales son éstas:

Buena momia, que es la más preciosa medicina para los quebrantamientos del halcón; que puede ser y es hecha de carne de hombre confeccionada; y lo mejor es que sea de la cabeza.

Zaragatona que tienen los boticarios.

Simiente de mastuerzo.

Pez luciente y virgen.

Simiente de perejil.

Aciche.

Casca de encina.

Zumaque.

Suelda de raca.

Sangre de drago.

Acíbar cecotrí.

Acíbar pátigo.

Bolarménico.

Miel dura en terrón.

Incienso.

Nuez de India.

Nuez moscada.

Macis.

Azúcar blanco.

Azúcar cande.

Azafrán.

Hierba golondrina.

Zumo de condeso.

Delante dijimos que es pimpinela, bursa pastoris, hierba golondrina: todo es uno.

Coral blanco.

Cardenillo, otros lo llaman verdet.

Alumbre, otros lo llaman alume.

Almástiga.

Piedra sanguina.

Clavos de giroflé.

Canela.

Flor de canela.

Espic.

Aceite.

Albayalde.

Enjundia de garza.

Dialtea.

Ungüento cetrino.

Alcatenes.

Leche de cabras.

Mirra.

Estopas de seda.

Favarraz.

Tártago.

Buenas tijeras para trasquilar plumas.

Un peso pequeño para pesar las especias.

Lancetas.

Agujas de injerir.

Agujas para coser heridas.

Píldoras de acíbar cecotrí, son buenas para purgamiento del cuerpo; hallarás cómo se hacen en el capítulo XI.

Simiente de hierba menudilla.

Zumo de hinojo.

Alosna, que es ajenjo amargo.

Jabón francés.

Trementina.

Ceniza de vides.

Sebo de carnero.


Suelda en polvo para heridas del halcón; hallarás cómo se debe hacer en el capítulo XXV.

Suelda que dan a los halcones en la comida para los quebrantamientos del cuerpo; hallarás cómo se debe hacer en el capítulo XXVIII.

Agua de espic, que es buena para el halcón que tiene comienzo de agua vidriada; la hallarás en el capítulo XI.

Polvos para cuando el halcón vomita; hallarás en el capítulo XXXIII.

Condeso es una mata que tiene la hoja menudilla, como trébol, y el madero es como blanco, y dicen que con el madero torcido atan cubas, en algunas tierras; y el zumo que mandan poner para las lombrices, ha de ser de la raíz. Nace, comúnmente, en las riberas del agua, y si no lo hallares, aprovéchate de la hierba lombriguera, porque esto se usaba para las lombrices.

Polvos para la uña del halcón, en el capítulo XXVI los hallarás; son buenos para las heridas.

Aquí se acaba el LIBRO DE LA CAZA DE LAS AVES, que hizo Pero López de Ayala en el Castillo de Olidos, en Portugal, en el mes de junio, año del Señor de 1386 años, era de César de MCCCCXXIV años.

LAUS DEO

## Libros a la carta

A la carta es un servicio especializado para
empresas,
librerías,
bibliotecas,
editoriales
y centros de enseñanza;
y permite confeccionar libros que, por su formato y concepción, sirven a
los propósitos más específicos de estas instituciones.

Las empresas nos encargan ediciones personalizadas para marketing editorial o para regalos institucionales. Y los interesados solicitan, a título personal, ediciones antiguas, o no disponibles en el mercado; y las acompañan con notas y comentarios críticos.

Las ediciones tienen como apoyo un libro de estilo con todo tipo de referencias sobre los criterios de tratamiento tipográfico aplicados a nuestros libros que puede ser consultado en Linkgua-ediciones.com.

Linkgua edita por encargo diferentes versiones de una misma obra con distintos tratamientos ortotipográficos (actualizaciones de carácter divulgativo de un clásico, o versiones estrictamente fieles a la edición original de referencia).

Este servicio de ediciones a la carta le permitirá, si usted se dedica a la enseñanza, tener una forma de hacer pública su interpretación de un texto y, sobre una versión digitalizada «base», usted podrá introducir interpretaciones del texto fuente. Es un tópico que los profesores denuncien en clase los desmanes de una edición, o vayan comentando errores de interpretación de un texto y esta es una solución útil a esa necesidad del mundo académico.

Asimismo publicamos de manera sistemática, en un mismo catálogo, tesis doctorales y actas de congresos académicos, que son distribuidas a través de nuestra Web.

El servicio de «libros a la carta» funciona de dos formas.

1. Tenemos un fondo de libros digitalizados que usted puede personalizar en tiradas de al menos cinco ejemplares. Estas personalizaciones pueden ser de todo tipo: añadir notas de clase para uso de un grupo de estudiantes,

introducir logos corporativos para uso con fines de marketing empresarial, etc. etc.

2. Buscamos libros descatalogados de otras editoriales y los reeditamos en tiradas cortas a petición de un cliente.